読みなおす日本史

春日局

知られざる実像

小和田哲男

吉川弘文館

はじめに

戦国時代の合戦《かっせん》は、それが大きな戦いであればあるほど、多数の戦死者を出す。そして、たいていは、「ずいぶん戦死者が出たな」といった程度で片づけられてしまう。

しかし、現実には、いつの戦いでもそうであるが、戦死者の一人ひとりには妻がおり、子がおり、また親もいたのである。一見華やかな戦闘場面にのみ目を奪われ、残された家族たちのその後については、ほとんど目を向けることはなかったように思われる。

私が、これから書こうとする春日局《かすがのつぼね》――はじめの名前は、お福《ふく》――は、そうした戦争孤児であった。父親が天正十年（一五八二）六月の山崎の戦いのあと、捕えられ磔《はりつけ》にかけられているのである。ほんの一つの例ではあるが、戦国合戦の戦争犠牲者たちのその後を、お福の成長過程とともに追うことができるのではないかと考えている。

私が女性史を勉強しはじめたのは、結婚してからなので、私のいくつかの研究領域の中では、どちらかといえば新しいジャンルに属する。しかし、戦国史と女性史とのドッキングは、いつか果たしたいと考えていた研究テーマではあった。

春日局といえば、三代将軍家光《いえみつ》の乳母《めのと》ということで、「彼女を戦国女性といえるかな」と疑問に思われる方も少なくないと思われる。これから本文の中で明らかにしていくが、彼女は天正七年（一五七九）の生まれである。たしかに、戦国時代の終わりを天正十八年（一五九〇）の秀吉《ひでよし》による小田原《おだわら》征伐《せいばつ》と考えれば、彼女の生涯の圧倒的大部分は近世ということになる。

ところが、時代というものは、ある日突然変わるという性格のものではない。戦国の余風といわれるものは、少なくとも彼女の前半生をつつみこんでいたはずである。

春日局の前向きな、そして強烈な生き方は戦国女性の生き方そのものだったといっていい。時代というものが、女の生き方をどう変えたか、春日局は、その一つの実例を私たちの前に示してくれるのではなかろうか。

目次

1　父は明智光秀の家老——本能寺の変がお福の運命を変えた

出生地を推理する

春日局《かすがのつぼね》といっているが、局号を与えられたのは寛永六年（一六二九）十月十日のことであり、それまでは、お福《ふく》と呼ばれていた。したがって、本書でも、お福で通すことにしようと思う。

さて、お福に関する史料は意外と少なく、徳川家光《とくがわいえみつ》の乳母《めのと》として召し出される以外のことについては、情報量がきわめて乏しく、確実な線を出すことはむずかしい。

天皇とか将軍とか大名などであれば、生まれたときからのことがらが記録として残されたりもするが、そうではなく、あとになってしだいに出世していったような者の場合、いつ、どこで生まれ、どのように成長したのかといったことが記録されるということは、まず皆無《かいむ》であった。さらに、お福の場合は女性ということもあり、よけいに情報量は少なくなっている。

そんなわけで、お福が、いつ、どこで生まれたかということは、確かな史料には全く出てこないのである。ただ、いつ生まれたかという点については、彼女が寛永二十年（一六四三）九月十四日、六十五歳でなくなったということで、その歿年齢からの逆算により、天正七年（一五七九）であったことは確実視されている。しかし、どの史料にも、どこで生まれたということは書かれていない。わからなければ、少ない材料を手がかりに、謎《なぞ》に挑戦していくしかないわけである。

私たちに与えられている材料というのは、お福が天正七年の生まれだったということと、あとでくわしく触れるが、彼女の父親が明智光秀《あけちみつひで》の重臣斎藤利三《さいとうとしみつ》だったという二点である。つまり、斎藤利三が、天正七年当時、どこにいたかを明らかにすれば、お福がどこで生まれたかが明らかとなってくることになる。

ところが、これが簡単なようで難問なのである。天正七年という年は、お福の父斎藤利三の主人明智光秀にとって大変動があった年だからである。

明智光秀は、織田信長《おだのぶなが》の一部将として、元亀《げんき》二年（一五七一）から近江坂本城《おうみさかもと》（滋賀県大津市下阪本三丁目）の城主として琵琶湖《びわこ》西岸を押さえ、東岸の長浜城（滋賀県長浜市公園町）に拠《よ》る羽柴秀吉《はしばひでよし》とともに、信長のいる安土城《あづち》（滋賀県近江八幡市安土町下豊浦）の両翼となっていたが、光秀は、信長から丹波《たんば》（京都府・兵庫県）の経略をまかされ、天正三年（一五七五）九月には亀山城《かめやま》（京都府亀岡市荒塚町）に入り、近江坂本城と丹波亀山城の二つをあわせもっていたのである。

常識的に考えれば、光秀の重臣斎藤利三も、坂本城か亀山城の城下に屋敷を与えられ、したがって、そこには家族もおり、お福も、坂本城の城下か、亀山城の城下で生まれた公算が大であるということになる。事実、そのように書かれている本もある。

しかし、私はそうは考えない。というのは、さきに少し触れたように、お福が生まれた天正七年に、丹波国において、かなり大きな政治変動が生じているからである。

光秀は、天正三年から丹波に乗り込んだが、八上城《やがみ》（兵庫県丹波篠山市八上）の波多野秀治《はたのひではる》および、黒井城（兵庫県丹波市春日町黒井）の赤井直正《あかいなおまさ》らの抵抗にあって苦戦を強いられていた。特に、黒井城の赤井直正は、天正三年九月十三日の光秀による黒井城攻めのとき、奇策を用いて光秀の軍勢を撃退しているのである。

赤井直正は天正六年（一五七八）三月に歿し、それを知った光秀が二回目の黒井城攻めを行っているが、このときは直正の弟赤井幸家《ゆきいえ》、直正の甥《おい》赤井忠家《ただいえ》らが黒井城を守り、やはり、光秀軍を撃退している（郷土の城ものがたり丹有地区編集委員会編『郷土の城ものがたり―丹有編―』）。

明智光秀が攻めあぐねた黒井城というのは、保月城《ほげつ》の名で知られている。JR福知山線の黒井駅の東北にそびえたつ、それとすぐわかる山城《やまじろ》である。標高三五六メートル、麓《ふもと》からの比高が二二〇メートルほどで、典型的な山城で、いかにも要害堅固《ようがいけんご》な城だったことが遺構の上からもうかがわれる。

二度の失敗によって面目を失い、また、信長からも叱責《しっせき》された光秀は、天正七年（一五七九）八月九日、いよいよ、〝三度目の正直〟とでもいうべく、黒井城への総攻撃を行っている。

『信長公記《しんちょうこうき》』巻十二に、

八月九日、赤井《あかい》悪右衛門《あくえもん》楯籠《たてこも》り候《そうろう》黒井へ取懸推詰《とりかけおしつめ》候処に、人数を出《い》だし候。則《すなわち》、噇《どっ》と付入《つけいり》に外《そと》くるは《（曲輪）》まで込入《こみい》り、随分《ずいぶん》の者十余人討取《うちと》る処、種々降参《こうさん》候て退出。維任、右の趣《おもむき》一々注進申上げられ、永々丹波に在国候て粉骨《ふんこつ》の度々の高名、名誉比類なきの旨《むね》、忝《かたじけな》くも御感状成下《なしくだ》され、都鄙《とひ》の面目これに過ぐべからず。

とあるように、八月九日の光秀軍の総攻撃によって、赤井勢が降参したことが明らかである。文中、「維任」とあるのが惟任日向守《これとうひゅうがのかみ》、すなわち、明智光秀をさすことはいうまでもない。

さて、問題なのはこれから先である。黒井城を陥《おと》し、丹波をほぼ平定することに成功した光秀が、黒井城に斎藤利三を入れているという事実が指摘される。もっとも、利三が、いつ黒井城に入ったという記録はないが、常識的に考えれば、落城の八月九日からそう日がたっていない時点であろう。まだ、反光秀勢力によって黒井城が奪回される危険性はあったと思われるので、利三は、すぐに守りについたとみてよい。

こうして、利三は、光秀から一つの城を預けられたのである。そして、ここから先は推測になってしまうわけであるが、利三の家族も、近江坂本城、あるいは丹波亀山城から、この黒井城に移り住んだものと考えられる。つまり、お福の誕生が、天正七年の八月九日以降であれば、お福の生まれたのは黒井城だった可能性が高いといえそうである。事実、黒井城には、そこでお福が生まれたという伝

黒井城略図（藤井善布氏作図）（新人物往来社『図説中世城郭事典』3より）

承もある（『日本城郭大系』12大阪・兵庫「黒井城」の項）。

もっとも、お福が黒井城で生まれたとしても、山麓からの高さが二二〇メートルもの黒井城の頂上付近で生まれたとみるのは早計である。中世の山城には、詰《つめ》の城としての頂上部分の本郭《ほんくるわ》と、山麓にふだんの日常生活を送る居館部分があるのがふつうで、山頂部分の詰の城は、どちらかといえば、戦いのときだけ用いられるという傾向があった。

したがって、お福が黒井城で生まれたとしても、本丸・二の丸・三の丸のある山頂部分ではなく、山麓に築かれた平時の居館であったことは明らかである。そして、黒井城の山麓の居館は、現在の興《こう》禅寺《ぜんじ》のあるところだといわれているので、私は、お福はそこで生まれたのではないかと考えている。

母親の稲葉氏とは誰か

お福の父親は、すでに触れたように、明智光秀の重臣斎藤利三であった。では、母親はどのような女性だったのだろうか。

お福の生い立ちを簡潔に記していることで定評のある『春日局譜略』では、

春日局、幼名福、斎藤内蔵助《くらのすけ》利三末女、母者稲葉《いなば》刑部少輔《ぎょうぶのしょうゆう》通明《みちあき》女也。通明者、塩塵《えんじん》之孫、備中《びっちゅう》守《のかみ》通則之子、稲葉一鉄兄也。

と明快に記し、お福の母は、美濃の戦国武将として有名な稲葉一鉄の兄通明の娘だったとする。これが、お福の母親についての定説となり、『蜷川《にながわ》本斎藤系図』などでも、斎藤利三のところに註記して、「内室稲葉一鉄姪」とあり、お福の母親は、稲葉一鉄の姪《めい》であったというのが共通の理解であったことを物語っている。

では、さきの『春日局譜略』にみえる、お福の母親と、通明、一鉄、さらに塩塵との関係をみておくことにしよう。これらの関係をうかがう上で、いちばんわかりやすいのは『寛政重修諸家譜《かんせいちょうしゅうしょかふ》』巻六〇六の稲葉氏の家譜であろう。同書をもとにわかりやすく、略系図にしたのが次の系図である。

つまり、一鉄は通勝《みちかつ》・通房《みちふさ》・通明・豊通《とよみち》・通広《みちひろ》らの弟良通《よしみち》のことであり、たまたま、五人の兄がすべて戦死してしまったため、六男ながら稲葉の家督をつぐことになったのである。良通、すなわち一鉄が、そののち、斎藤道三《さいとうどうさん》の重臣となり、道三死後、織田信長に仕えて大活躍をしているため、兄たちの存在感が薄くなってしまっているが、お福の母は、美濃の名族稲葉氏の血をひいていたことはまちがいのないところである。

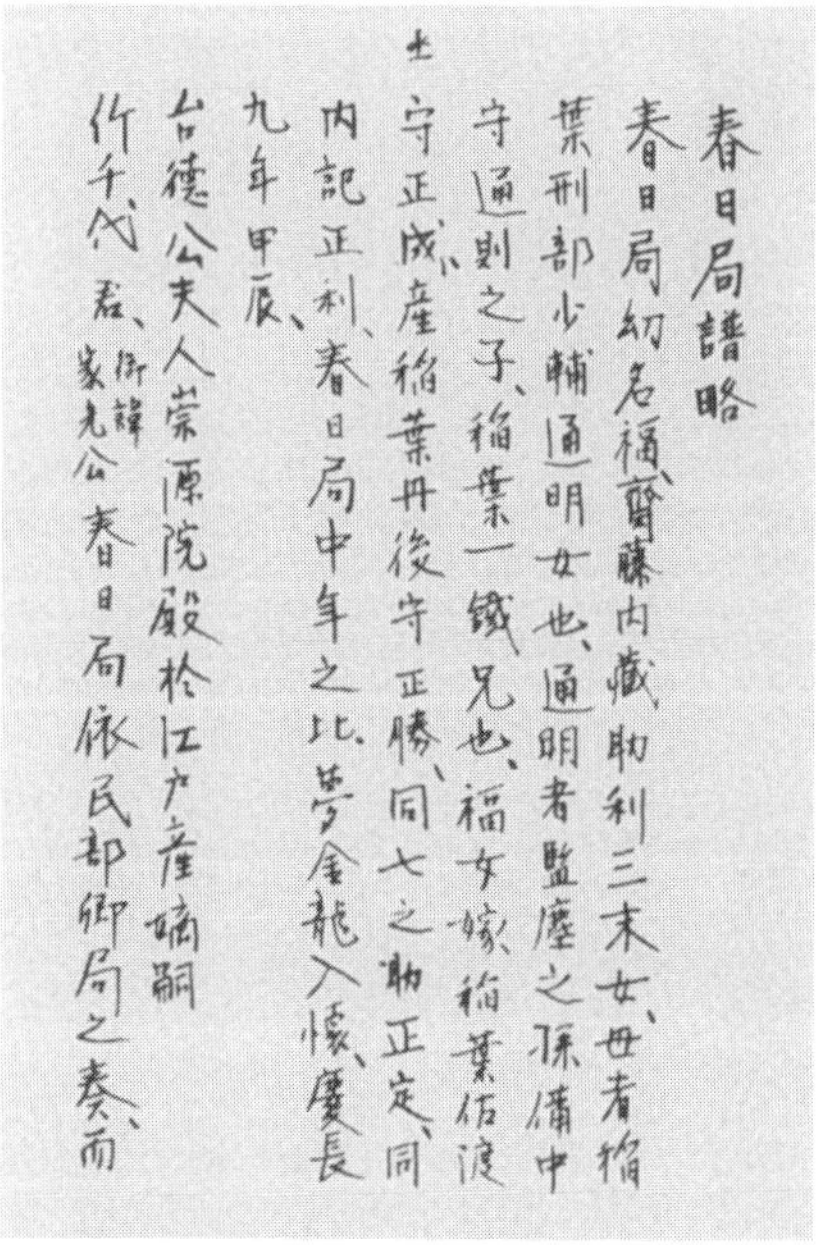
春日局譜略
春日局幼名福、齋藤内蔵助利三末女、母者稲葉刑部少輔通明女也、通明者鹽塵之孫備中守通則之子、稲葉一鐵兄也、福女嫁稲葉佐渡守正成、産稲葉丹後守正勝、同七之助正定、同内記正利、春日局中年之比、夢金龍入懐、慶長九年甲辰、台徳公夫人崇源院殿於江戸産嫡嗣竹千代君、御諱家光公 春日局依民部卿局之奏而

『春日局譜略』（京都大学文学部所蔵）

もっとも、お福の母親が『寛政重修諸家譜』のいうように通明の娘だったということにも、全く問題がないわけではない。というのは、『寛永諸家系図伝』によると、通明の兄通勝の娘となっているからである。

同じ稲葉氏が幕府に提出した系図でも、寛永のときには通勝の娘として届け、寛政のときには通明の娘として届けているわけで、当の稲葉氏

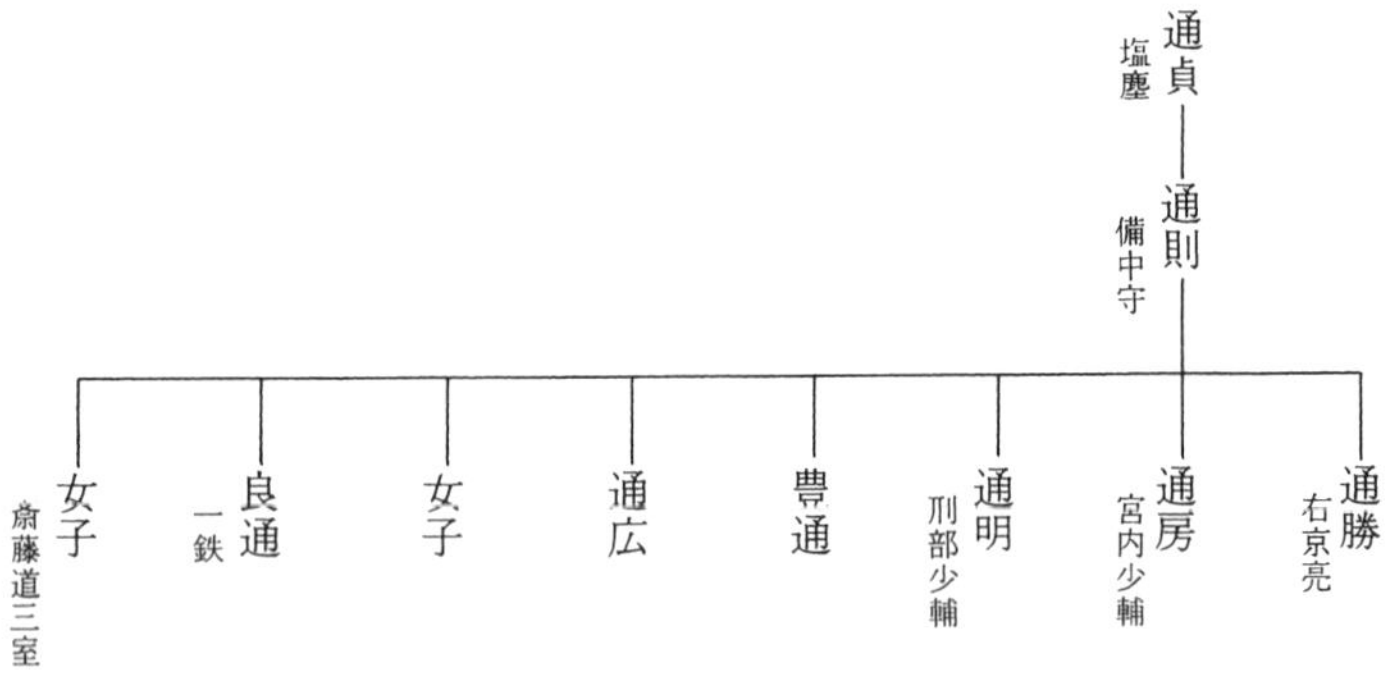

においてもはっきりしたことはわからなかったわけである。

現在のところ、『寛政重修諸家譜』の説をとって、お福の母親は稲葉通明の娘だったとする者、『寛永諸家系図伝』の方をとって稲葉通勝の娘とする者とに大きく分かれてしまっている。ところが、最近、その二つをともに否定する説があらわれた。

定説ともいうべき二説を否定したのは宮本義己氏で、氏は、『寛政重修諸家譜』の通勝のところに、「大永五年八月二日、父及び弟通房・通明・豊通・通広とともに、美濃国牧田にをいて戦死す」とある部分に注目し、この記述通りだとすれば辻褄《つじつま》が合わないとしたのである（「春日局—大奥に君臨した乳母—」『歴史読本』昭和六十二年新年号）。

というのは、大永五年（一五二五）に、父とされる通勝あるいは通明が戦死したとき、仮にお福の母が胎児だったとしても、彼女が天正七年（一五七九）にお福を生んだ年齢はなんと五十四歳になってしまうからである。女性の出産年齢として五十四歳というのはいかにも不自然だというのが宮本氏の主張である。

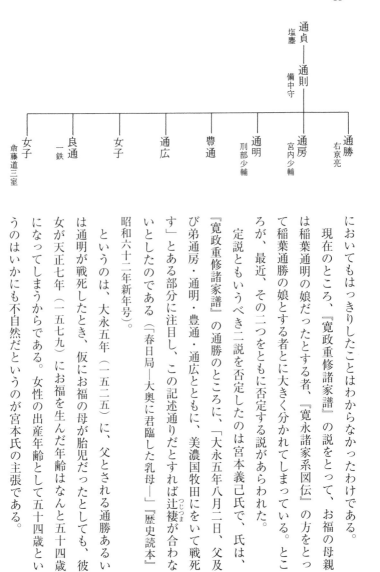

大永五年八月二日の近江浅井亮政《あざいすけまさ》との戦いで、稲葉通勝あるいは通明が戦死していないということが立証されないかぎり、お福の母親が稲葉通勝の娘だったということも、稲葉通明の娘だったということもいえなくなるわけである。これは、系図というものがあまりあてにならないものであることの一例になるかもしれない。

通勝の娘とする説、通明の娘とする説がともに否定されるとすれば、では、お福の母親とは、どのような係累をもつ者として考えればいいのだろうか。

この点で私が注目しているのは『稲葉淀家譜』所収の『春日局別記』という史料である。その中に、

春日局、斎藤内蔵助利三之女、稲葉伊予守一鉄之外孫〇養外孫也。

という記事がある。つまり、お福の母親、すなわち斎藤利三の妻は稲葉一鉄の娘だったというわけである。もっとも、わざわざ「養外孫」と註記しているように、娘は娘でも実の娘ではなく、養女という形にして嫁がせていることがわかる。ただ、この『春日局別記』からは、養父が稲葉一鉄だったことがわかっても、実父の名前は判明しない。

しかし、手がかりは他にあった。『寛政重修諸家譜』巻第八〇〇、斎藤利三の項に、

内蔵助妻は斎藤山城守正利入道道三か女、後妻は稲葉右京進某か女。

と記されているのである。お福の母親、すなわち、斎藤利三の妻は、この稲葉右京進の娘だったということになる。さきの『寛政重修諸家譜』の稲葉氏の系譜に、官途名を右京進と名乗る人物は出てこ

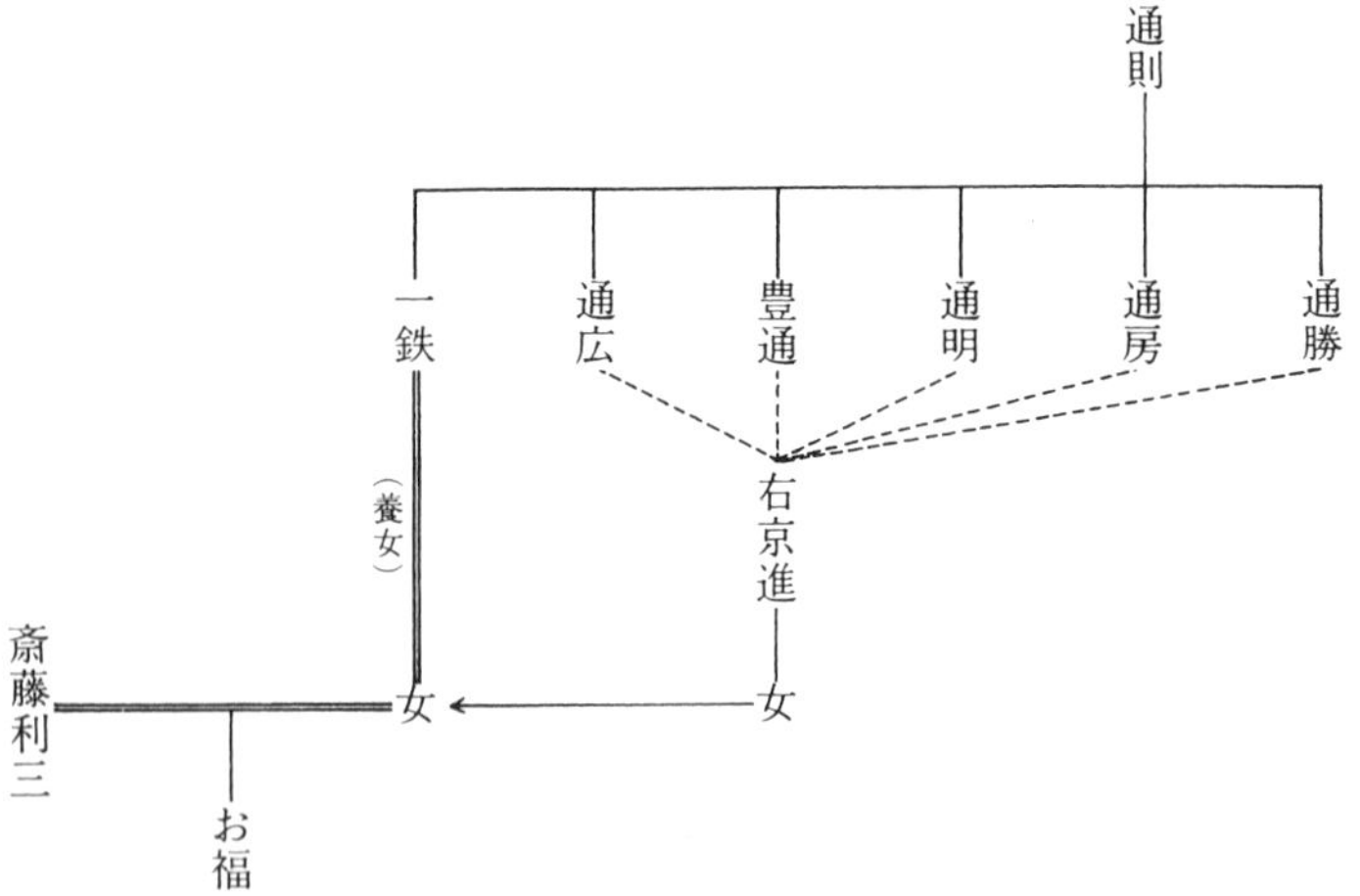

ない。大永五年（一五二五）八月二日に美濃牧田の戦いで、浅井亮政の軍勢と戦って戦死した通勝・通房・通明・豊通・通広の五人の誰かの子どもに右京進という者がおり、その娘が、稲葉一鉄の養女という形で斎藤利三に嫁ぎ、お福を生んだのではなかろうか。お福の母親の出自を私はこのように考えている。

略系図にすると、上の図のようになり、お福は形の上では稲葉一鉄の外孫、実質は養外孫であったとみることができる。後年、お福が家光の乳母に抜擢《ばってき》された背景として、家康も秀忠《ひでただ》も知っていた名だたる戦国武将稲葉一鉄の係累であるということが決定的な意味をもったであろうことは想像にかたくない。

そこで、ここで少し稲葉一鉄について触れておくことにしよう。『寛政重修諸家譜』によると、一鉄は永正十二年（一五一五）の生まれという。さきにみたように、上に兄の通勝・通房・通明・豊通・通広の五人がいたので、一鉄は崇福寺《すうふくじ》に入れられ、そこで喝食《かつじき》となっていたのである。

ところが、大永五年（一五二五）八月二日の美濃牧田の戦いで、父通則をはじめ、五人の兄全員が討死《うちじに》してしまったため、通則の弟忠通は、崇福寺に入れられていた一鉄を還俗《げんぞく》させ、稲葉の家督をつがせている。

稲葉氏は美濃守護土岐《みのしゅごとき》氏の老臣の家柄であり、土岐氏が斎藤道三によって滅ぼされたあと、今度は斎藤道三に仕え、一鉄は、氏家直元《うじいえなおもと》（卜全《ぼくぜん》）・安藤守就《あんどうもりなり》とともに「三老臣」とか、「美濃三人衆」などと呼ばれ、斎藤氏の三人の重臣の一家に数えられ、曽根《そね》城（岐阜県大垣市曽根町）を守っていた。

のち、道三の孫にあたる斎藤竜興《さいとうたつおき》のとき、信長の誘いに乗り、結局は、この一鉄ら「美濃三人衆」の裏切りによって三代続いた美濃の戦国大名斎藤氏は滅んでいったのである。

本能寺の変における斎藤利三

お福の母親については、稲葉一鉄が養女という形にして斎藤利三に嫁がせた者であることがほぼ確実となった。では、お福の父親斎藤利三とはどのような部将だったのだろうか。以下、利三の履歴を追ってみることにしよう。

利三は、美濃の富森《とみのもり》氏の一族で、父は伊豆守《いずのかみ》を名乗ったという。母は明智光秀の叔母にあたるとい

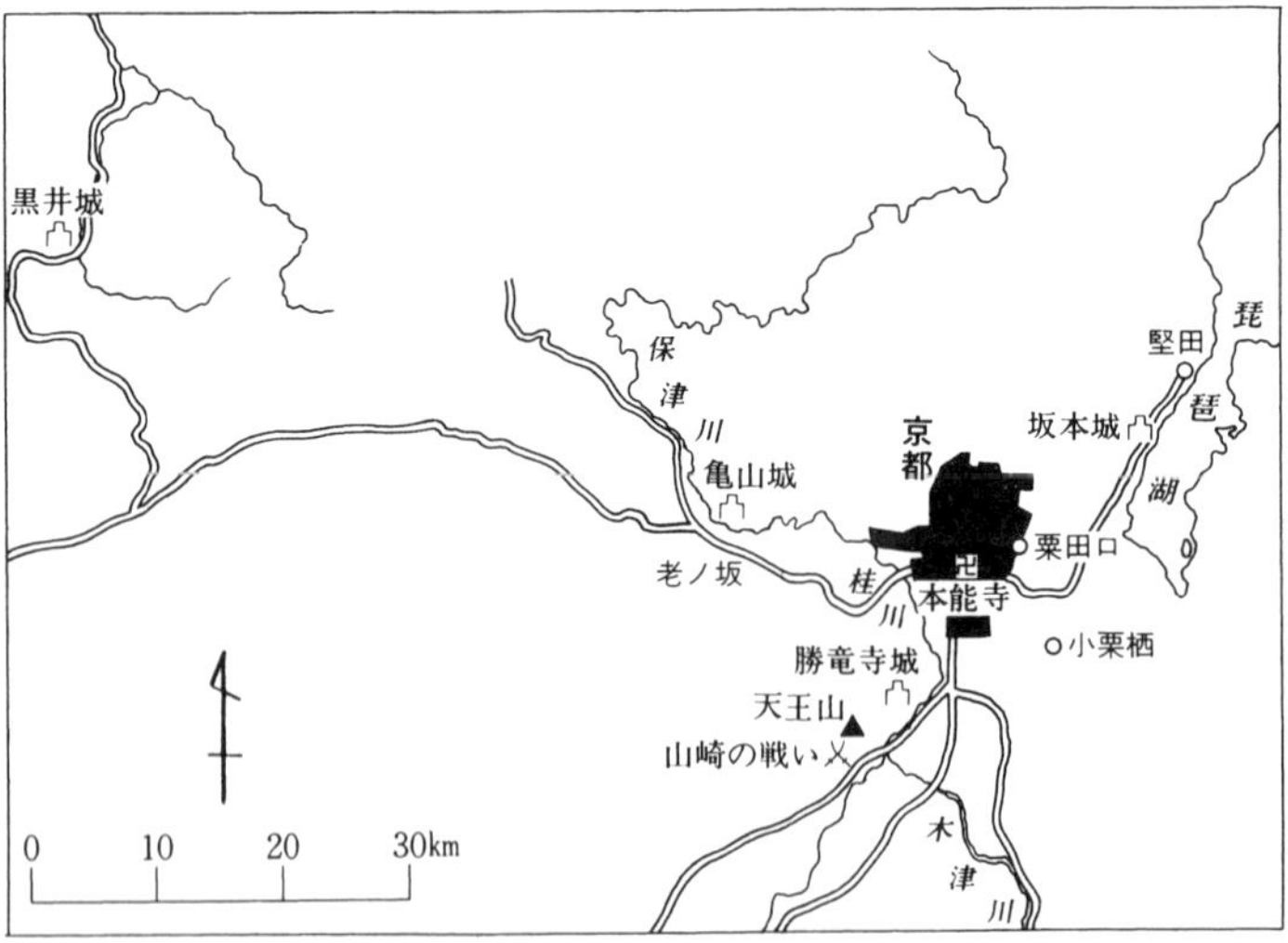

斎藤利三およびお福関係略地図

うので（高柳光寿『本能寺の変山崎の戦』）、美濃においてある程度、名の知られた武士であったことがうかがわれる。

はじめ、利三は稲葉一鉄に仕えていたが、やがて光秀に鞍替《くらが》えしている。しかし、この鞍替えは一鉄の了解を得ないまま、利三が一方的に進めてしまったらしく、怒った一鉄が光秀に対し、利三の返還を要求するといった騒ぎにまで発展してしまった。一鉄は信長の家臣であり、この一件が、信長と光秀不和の一つの要因になったともいわれている。

利三が稲葉一鉄のもとを去り、明智光秀に仕えるようになったのがいつからなのかということはわからない。光秀が信長に重く用いられるようになるにつれ、信頼のおける家臣が一人でも多くほしくなり、さきに述べたように、利三の母が光秀の叔母だったという縁故をたよりに、光秀がスカウトしたのではないかと思われる。光秀に仕えるようになってからは、常に帷幄《いあく》に加わり、しだいに重用され、老臣、すなわち家老に列しているのである。

天正七年（一五七九）、光秀が丹波を平定したとき、軍事上の要衝《ようしょう》ともいう黒井城を利三にまかせていること一つをとってみても、光秀がいかに利三を信頼していたかがうかがわれる。

そのまま何事もおこらなければ、お福は、明智光秀の家老の娘として何不自由なく暮らし、やがては、釣りあいのとれたしかるべき部将の家に嫁いでいったものと思われる。

ところが、お福が四歳になった天正十年（一五八二）六月二日未明にひきおこされた本能寺《ほんのうじ》の変によって、お福の運命は大きく変えられてしまったのである。

ここで、利三の動きを中心にして、本能寺の変の推移をみておくことにしよう。

この年、すなわち天正十年の三月、信長は甲斐《かい》の武田勝頼《たけだかつより》を滅ぼし、朝廷から、「太政大臣《だいじょうだいじん》か関白《かんぱく》か、それとも征夷大将軍《せいいたいしょうぐん》か、お好きな官に推挙しよう」との内容を伝える勅使《ちょくし》が五月四日、安土に到着している。

その場では、信長は「征夷大将軍になりたい」とか一言もいわず、「上洛《じょうらく》してから返事をしよう」といってひとまず勅使を京都に帰し、五月二十九日、わずかの供をつれて上洛し、いつも宿所として使っている本能寺に入った。

六月一日、その本能寺で、博多《はかた》の豪商島井宗叱《しまいそうしつ》（宗室）を正客《しょうきゃく》とする茶会が催された。茶会のあと酒宴となり、真夜中になって長男の信忠《のぶただ》は妙覚寺《みょうかくじ》にもどり、信長も床についた。

さて、一方の光秀側の動きであるが、六月一日の夕方、家中の物頭《ものがしら》を集めて、「信長殿に中国出陣の武者揃《むしゃぞろ》えをお見せするため、いったん京に向かう」と命を伝えている。このとき、光秀は信長の命をうけて中国地方で戦っている羽柴秀吉を支援しに行くことになっていたからである。

信長はしばしば武者揃え、すなわち、今日流にいえば閲兵式《えっぺいしき》を行っているので、家臣のだれ一人として疑う者はいなかった。

午後十時ごろ、光秀率いる一万三千ほどの軍勢は亀山城を出発した。翌二日の午前零時ごろには、亀山の東、野条《のじょう》というあたりに進んだ。光秀が、女婿《じょせい》の明智秀満《あけちひでみつ》や斎藤利三ら家老クラスの武将を呼んで、謀反《むほん》のことをうちあけたのはこのときのことといわれている。

利三は、この光秀の思い切った決断にびっくりしたが、他の家臣たちも同様だったらしく、しばらく、積極的賛成・消極的賛成、あるいは反対意見が出たと思われるが、結局は、「いったん光秀殿が謀反を口にされた以上、決行するしかない」という線に落ちついたようである。

老《おい》ノ坂《さか》を越え、沓掛《くつかけ》というところで小休止をとり、さらに桂川《かつらがわ》を渡って京にせまった。そこで光秀は鉄砲の火縄に点火することを命じている。信長に馬揃《うまぞろ》えをみせるのが目的だと思わされてきた軍勢が、ここではじめて光秀の真のねらいを知ったわけである。

本能寺は四方に堀をめぐらし、土塁《どるい》・塀《へい》もあるということで、小さいながら城といってもいい備えをしていたが、とにかく、全く安心しきっていた信長は百五十人ぐらいしか供をつれていなかったため、一万三千の大軍に囲まれてはいかんともしがたく、ついに殺されてしまった。

なお、このときの本能寺の襲撃の先鋒《せんぽう》を命じられたのが斎藤利三であった。京都の町には、町と町の境に夜盗《やとう》などを防ぐための木戸が設けられていたが、利三は、あらかじめこの木戸を開いて、大軍が通過しやすいようにしていたのである。そのため、京の町衆《まちしゅう》の中で、あらかじめ光秀軍の動きに気がつき、本能寺に通報する者が出なかった。いってみれば、本能寺の変成功の立役者は利三だったのである。

信長を討ったあと、光秀は、京における信長残党を掃討《そうとう》し、そのまま信長の居城である安土城に入ろうとした。安土城に入って、信長に代わって天下に号令することを夢みたものと思われる。

しかし、瀬田《せた》橋を焼かれてしまったため、ひとまず坂本城に入り、橋の修復を待って六月五日、念願の安土城入りを果たしている。また、羽柴秀吉の居城である長浜城も攻めさせ、光秀は接収したばかりの長浜城に利三を入れている。信長の後継者として名乗りをあげるためには、近江を押さえることが重要と考え、そのための作戦として、安土城、長浜城を攻めたのである。この二つに、それまでの自分の居城であった坂本城を加え、光秀は完全に近江を制圧することに成功している。

しかし、これは結果論になってしまうが、光秀の立場にたつと、近江の制圧ということは軍事的な意味ではあまりプラスにはならなかった。その時間とエネルギーを、もう少し、秀吉に対する備えの方に割いていれば、ちがった展開になったことも考えられるからである。

備中高松城を囲んでいたはずの秀吉が、毛利《もうり》勢と講和を結び、「中国大返し」と呼ばれる猛スピードの帰還作戦により、二万五千の秀吉本隊が山陽道を、京をめざしてつっ走ってきた。

その時期、利三は、筒井《つつい》順慶《じゅんけい》の決意を促すために、洞ヶ峠《ほらがとうげ》まで出陣している。六月十一日のことであった。

そして、いよいよ、六月十二日から十三日にかけて、山崎で、光秀と秀吉の軍勢がぶつかることになった。そのころには、池田恒興《いけだつねおき》や丹羽長秀《にわながひで》・織田信孝《おだのぶたか》の軍勢も加わり、秀吉軍は四万にふくれあがっていた。

山崎の戦いにおける光秀軍の部署は、中央先鋒が斎藤利三・柴田源左衛門・阿閉貞征《あつじさだゆき》らで、右翼先鋒に松田太郎左衛門・並河掃部《なみかわかもん》らがおり、左翼先鋒に伊勢《いせ》与三郎・御牧《みまき》三左衛門らがあった。これでみても、斎藤利三隊が光秀軍の中枢《ちゅうすう》的役割を果たしていたことが明らかとなる。光秀軍も、このころには一万六千ぐらいの軍勢となっていた。

もっとも、利三は、このときの山崎の戦いについては、光秀とはちがう考え方をもっていたといわれている。山崎で秀吉を迎え撃つのはむずかしいので、思いきって、坂本城なり安土城に退き、そこで秀吉と雌雄《しゆう》を決した方がいいと勧告していたようである。

たとえば、小瀬甫庵《おぜほあん》は、その著『太閤記《たいこうき》』の中で、

評曰《ひょうしていわく》、斎藤内蔵助が諫《いさめ》に任《まか》せ、今日之合戦を止《やめ》、坂本に入て籠城《ろうじょう》し侍《はべ》らば、事之外《ことのほか》むづかしく有べし。又明智左馬助《さまのすけ》二千余騎を進退せし大将なるを、安土山に残し置し事、至愚《しぐ》の長ぜるなり。日比《ひごろ》蓄へおきし勢を一手になし、心を一致に定め苦戦せば、かほどにもろくはまくまじきを、勢を方々へ分《わけ》つかはせし事、以外《もつてのほか》の浅知也。光秀此比《このごろ》思ふ所の図、万《よろず》違ひし事共多かりしは、背《そむき》二天理《てんりに》一し故なるべし。

と、光秀の行動に論評を加えている。もちろん、『太閤記』の史料としての信憑性《しんぴょうせい》からいって、このことがそのまま事実であったとは考えにくいが、光秀の家中において、作戦上、意見の相違があったであろうことは、おおよそ察しがつく。

さて、山崎の戦いは、十二日は先鋒同士の小競合《こぜりあい》で終わり、本格的な戦いは翌十三日にくりひろげられた。戦いは、数にまさり、また、「主君信長殿の仇《あだ》を討つ」という秀吉の側に勢いがあり、結局、秀吉勢の大勝で終わっている。

光秀は、敗色濃厚になるとともに、それまで本陣としていた御坊塚《ごぼうづか》を撤退し、いったん勝竜寺《しょうりゅうじ》城（京都府長岡京市勝竜寺城ノ内）に入った。しかし、勝竜寺城は、そこで秀吉の大軍を迎え撃つことができるような城ではなかったため、ひとまず坂本城にもどって再挙をはかろうとし、久我縄手《くがなわて》を通り、西ヶ岡から桂川、鳥羽《とば》方面へと敗走していったのである。

ところが、光秀軍にとってもう一つ悲劇的なことがあった。それは、光秀の本拠の城が近江坂本城と丹波亀山城と二つあったという点である。敗走のときのきちっとした約束事がなされていなかったことも手伝い、光秀の軍勢は、坂本城をめざして落ちて行くグループと、亀山城をめざして落ちて行くグループの二つに分かれてしまい、独自に行動してしまったのである。そのため、光秀をとりまく家臣の数も少なくなってしまった。

結局、光秀は、大亀谷をすぎ、山科《やましな》の小栗栖《おぐりす》というところに至ったところで、その竹藪《たけやぶ》の中で、落武者狩りをやろうと待ちかまえていた農民のくり出す竹槍で脇腹をさされ、最後までつき従っていた重臣の溝尾《みぞお》勝《しよう》兵衛《べえ》に介錯《かいしやく》を命じ、そこで切腹して果てたのである。

光秀の首は、勝兵衛によってそこに埋められたが、すぐに農民にさがし出されてしまい、秀吉のもとに届けられた。秀吉は、光秀の首を取ったことを諸方に知らせるとともに、それを本能寺にさらしている。

さて、利三の方であるが、どこをどう逃げたのかわからないが、とにかく琵琶湖畔までたどりついた。しかし、入ろうとした坂本城はすでに秀吉の軍勢に攻め落とされており、堅田《かたた》（滋賀県大津市本堅田町）のあたりにひそんでいたが、結局は、秀吉による残党狩りのために見つけ出されてしまい、洛中《らくちゆう》引きまわしの上、六条河原で首を斬られてしまったのである。

秀吉は六月十八日、光秀と利三の首と死体をあらためてつなぎあわせ、粟田口《あわたぐち》で磔《はりつけ》にしているが、このことは、利三が、光秀にとってまさに股肱《ここう》の臣であったことを物語るとともに、明智家中におけるナンバー・ツーの存在だったことを示しているといえそうである。

各地を転々としたお福の少女時代

利三は、戦国武将としても相当な人物だったらしく、秀吉の御咄衆《おはなししゅう》の一人大村由己《おおむらゆうこ》とも親交があった。それは、大村由己が天正十年（一五八二）十月十五日に著した『惟任謀反記《これとうむほんき》』の中で、次のように利三のことを評していることによってうかがわれる。

さて、斎藤内蔵介利三は、惟任が討たるる事、これを知らず。堅田の辺に知音《ちいん》を頼みて蟄居《ちつきよ》するのところ、たばかり、搦《から》め捕へ来たる。寔《まこと》に天運の尽《つ》くるところなり。惜しいかな、利三、平生嗜《たしな》むところ、啻《ただに》、武芸のみに非ず、外には五常を専《もつぱ》らにして、朋友と会し、内には花月を翫《もてあそ》び、詩歌《しいか》を学ぶ。今、何すれぞ、此の難に逢はんや。遺恨《いこん》もつと深し。或る人述べて曰《いわ》く。異国の公《こう》冶長《やちよう》は、縲紲《るいせつ》の中にありと雖《いえど》も、其の罪に非ず。本朝の曽我《そが》五郎時宗《ごろうときむね》は、縄に懸かりて、会稽《かいけい》の恥を雪《そそ》ぐ。汝《なんじ》も亦《また》、其の謂《い》ひに非ずや。其の後、車に乗せて洛中を渡すに、惟任が首亦、躰《からだ》に続《つ》ぎ、粟田口において、両人共に機《はたもの》に挙ぐ。京童《きようわらべ》落書に云はく、主《ぬし》の首きるより早くうたる丶は、

是たうはつとあたる成りけり
合戦に負け双六《すごろく》のさいとうは
七目くゝられはぢをこそかけ

この大村由己の短い文章からも、利三が武芸だけではなく、文化的な面においてもすぐれた武将だったことがうかがわれるわけであるが、画家の海北友松《かいほうゆうしょう》とは特に親しかったといわれている。海北友松との親交が、後にお福にとってプラスに作用する。そのことについては後で述べることにしよう。

一説に、秀吉も利三の助命を示唆《しさ》したが、利三はそれを蹴ったといわれている。

ところで、本能寺の変とそれに引き続く山崎の戦いの過程において、お福たちは、どのような境遇に置かれていたのだろうか。

父利三が光秀に従軍して中国攻めに向かうということなので、利三の妻子がそのまま黒井城に置かれるということはなかったであろう。亀山城下の斎藤氏の屋敷に移っていたものと思われる。

山崎の戦いのあった山崎から、亀山城までは比較的近いので、光秀が敗走した六月十三日の夜には、亀山城にも、敗報が入ったであろう。すでに、六月二日の本能寺の変そのものが、利三の妻子たちにとっては寝耳に水のできごとであり、その後の経過にも一喜一憂《いっきいちゆう》する眠れない日が続いたが、さすが「山崎の戦いで味方大崩れ」の報には、「ついにくるべきものがきた」という思いであったろう。

しかし、嘆いてばかりもいられない。秀吉は高山重友・中川清秀《なかがわきよひで》らに亀山城攻撃を命じ、翌六月十四日、とうとう亀山城は落城の日を迎えることになってしまったのである。

利三の妻、すなわちお福の母はおあんといわれていた。『おあん物語』のおあんと同じ名前であるが、もちろん、同名異人である。お福の兄甚平と平十郎（利宗）の二人は父利三とともに出陣していたので、亀山城には、おあんと、お福、お福の四人の兄、二人の姉がいたが、落城前に城を脱出している。

おあんは、お福らの手を引いて亀山城をあとにしたが、そのころには、坂本城も落ちたという知らせがあったらしく、行き場に困った。結局、おあんは、人が多く、それだけ探索の手がおよびにくい京都に潜入することを考えたようである。

末の娘お福はまだ四歳の幼女であり、四人の男の子、三人の女の子をつれての逃避行は言語に絶する苦労がともなったであろう。

お福たちがまず頼ったのは三条西公条《さんじょうにしきんえだ》の屋敷であった。お福の母おあんが、三条西家の門をたたいたのにはそれなりの理由があったのである。お福の母おあんが、斎藤利三に嫁いだのは、稲葉一鉄の養女という形をとったことを思いおこしていただきたい。一鉄の妻は、この三条西公条の娘だったのである。しかし、三条西公条は、秀吉の探索の手がおよんでくることをおそれ、三条西邸にはおあんらをかくまわず、知りあいの公家の屋敷に預けている（和歌森太郎・山本藤枝『日本の女性史』3近世）。

これから四十七年の後、お福が上洛して、再び三条西家の世話になるなど、そのころのお福は考えてみもしなかったであろう。

父利三が粟田口で磔にかけられたのを、お福はこっそり見に行ったとの説もあるが、これはあまりにも小説的で、事実とは思えない。

七人の子どもをかかえて、おあんは苦労していた。しかも、女子はともかくとして、秀吉は何とか利三の男の遺児をさがし出そうと躍起になっていた。というのは、当時、すでに「腹は借りもの」といった考え方があり、血筋は男の系統にだけ伝わるといった意識があったからである。長兄甚平は山崎の戦いで討死していたが、それ以外の男子が、いつ、「父の敵」といって秀吉にいどんでくるかわからなかったからである。

おあんは、いつまでも三条西家の好意に甘えてばかりもいられなくなり、京都を離れる決心をした。目ざした先は、なんと四国の土佐（高知県）であった。実にたくましい生活力といわなければならない。お福の芯《しん》の強さは、この母親譲りという側面があったものと思われる。いいかえれば、異常な体験がお福自身をたくましくしたといってもいい。

もっとも、いかに生活力旺盛なおあんだったとしても、何のつてもない状態では二の足を踏んだであろう。とにかく、土佐は、海のはるか向こうだからである。

実は、土佐の戦国大名長宗我部元親《ちょうそかべもとちか》の正室が、なんと斎藤利三の妹だったのである。長宗我部元親と利三の妹との結婚については、『土佐物語』に興味深いエピソードがみえる。要旨をかいつまんで紹介しておこう。

元親が二十五歳のときというから、永禄六年のことである。元親は家老たちを集め、結婚相手の意見を聞いた。元親は美濃の斎藤氏の娘を娶《めと》りたいというのである。これを聞いてびっくりしたのは家老たちで、「そんな遠国《おんごく》からではなく、阿波《あわ》・讃岐《さぬき》・伊予《いよ》の三ヵ国の内で、城主たちの娘を娶った方がよい」と口々に反対を唱えた。

しかし元親の決心は固く「武名香ばしき斎藤氏の腹に、武勇の子が生まれるはずである」といって、強引にこの結婚をとりきめたという。

おあんらは岡豊《おこう》城（高知県南国市岡豊）に迎えられた。お福もここでしばらく生活をすることになるが、ちょうど元親が土佐一国の大名から、阿波・讃岐・伊予へと領国を拡げ、いわば長宗我部氏の〝高度経済成長期〟にあたっていたため、七人の子連れでも、元親にとっては迷惑なことではなかったのである。その元親の正室の一族ということで、足かけ七年もの間、長宗我部元親の厄介《やっかい》になっていた。

その間、お福の兄たちにもそれぞれ仕える主人ができて岡豊城を去っていき、上の姉も柴田源左衛門に嫁いでいった。

おあんと下の姉、それにお福の三人が岡豊城で元親の世話になっていたが、いつまでも元親夫妻に厄介をかけるわけにもいかないと思っていた。天正十六年（一五八八）、三人の母娘は元親のもとを去り、再び京都にもどってきたのである。お福は十歳になっていた。

2　稲葉正成との結婚——小早川秀秋を操ったのは正成だった

稲葉重通の養女となる

天正十六年（一五八八）といえば、本能寺《ほんのうじ》の変から足かけ七年の歳月がたっている。秀吉《ひでよし》も、すでに天正十三年（一五八五）には関白《かんぱく》となり、同十五年（一五八七）には九州をも平定し、あと残るは関東・東北だけという状況であった。そんな秀吉にとって、明智《あけち》の残党など、もはやものの数ではなかった。おあんとその二人の娘は、晴れて京都にもどってきたのである。

おあんたちの住居は京都の六角堂の近くだったといわれている。利三《としみつ》と親交のあった絵師の海北友松《かいほうゆうしょう》が何くれとなく面倒をみてくれたようである。

京都にもどってきて少しして、柴田源左衛門に嫁いでいた上の姉がなくなった。子どもを残して死んでしまったため、柴田源左衛門の方から、「残された子どもたちの養育のためにも、妹の一人を、後妻にもらいうけたい」といってきたのである。全くの赤の他人をもらうより、姉妹であれば、ある程度気心がしれていていいと思ったのであろう。

結局、おあんは、お福《ふく》のすぐ上の姉を柴田源左衛門の後妻としている。

六角堂近くの屋敷には、おあんとお福の二人が残される形となった。表面上は平穏な生活であった。しかし、事情を知る世間の目は、いつまでたっても、「謀反人《むほん》の娘」としてお福のことをみていたのではなかろうか。後に発揮されるお福の負けん気というか負けじ魂は、少女時代に培《つちか》われたように思われる。

なお、負けん気を培ったもう一つの要因はお福の容貌だったという気がする。ついでなので、この点についても触れておくことにしよう。

いくつのときかわからないが、お福は疱瘡《ほうそう》にかかっている。疱瘡とは天然痘《てんねんとう》のことである。「疱瘡は器量さだめ」などといわれるように、女性にとっては、病後に残るあばたの多い少ないが問題であった。お福の場合は、あばたがかなり残ってしまったようである。

「謀反人の娘」というレッテルと、あばた面とで、少女時代のお福の生活は決して快適なものとはいえなかったと思われる。現在に残るお福の像も、みたところ、お世辞にも美人とはいえないし、湯島の麟祥院《りんしょういん》（東京都文京区湯島四丁目）に残る画像もかなりきつい顔つきである。

ところで、麟祥院の木像について、三田村鳶魚《みたむらえんぎょ》氏はおもしろい話を伝えている。関連する部分を引用しておこう。

……伝説では、春日局は美女でなかったという。それは彼の木像を安置してある湯島の麟祥院に伝わった説なので、木像を製作する時に、つとめて容貌を似せて拵《こしら》え、両三度も改作させたが、何分にも気に叶《かな》わぬ。そこで仏師が考え直し、極めて柔和な容貌に拵え、ただ瞳《ひとみ》だけを写実にしたのを見せるとようやく満足したとやら。現存する麟祥院の木像は、いかにも鋭い目付きをしている。しばらくこの伝説から逆に考えると、春日局は凄《すさ》まじい顔であったろう。無論悪女ではない。好んで柔和な容貌に拵えさせながら、また平凡になるのを避けて、目付きだけを鋭くさせた。そこに本人の人柄が露出している。我執の強い、意地の悪い、小才の利く、御殿女中気質の標本に適当な女であった。（『三田村鳶魚全集』第一巻）

三田村鳶魚氏は大の春日局嫌いであった。その人の文章であることを割り引いたとしても、お福は、お世辞にも美人だったとはいえなかったようである。

お福が十三歳のときというから、天正十九年（一五九一）のことになるが、お福は三条西《さんじようにし》家の奥方の侍女として奉公に上がることになった（和歌森太郎・山本藤枝『日本の女性史』3近世）。さきにも触れたように、稲葉《いなば》一鉄《いつてつ》の正室の実家が三条西家だったので、その縁で、いわば行儀見習いのような形で奉公に上がることになったのであろう。

三条西家というのは、京都の公卿の中でも名門中の名門である。藤原北家閑院《かんいん》流で、代々和歌をよくしたことでも有名である。特に、戦国期には、実隆《さねたか》・公条《きんえだ》・実枝《さねき》の三代が学識にすぐれていた。お福が奉公した時代は実枝の代であるが、何らかの影響をうけたであろうと思われる。
十三歳といえば、今の中学一年生である。好奇心旺盛《おうせい》な年ごろで、また、教えれば、どんどん頭の中に入っていく年齢でもある。史料的に確かめることはできないが、私は、お福が三条西家に奉公に上がっている間に、三条西家に秘蔵されている古典などをひもとく機会があったのではないかと考えている。後に家光《いえみつ》の乳母として、家光の教育に携《たずさ》わることになるが、教育者春日局としてのその素地が、三条西家への奉公時代に培われたのではなかろうか。

ところで、何年のことかわからないが、お福は稲葉重通の養女となっている。お福が稲葉重通の養女になったことは、『春日局譜略』や『稲葉淀家譜』所収の『春日局別記』といった基本的な史料にはみえないが、『寛政重修諸家譜《かんせいちょうしゅうしょかふ》』巻第八〇〇や『別本稲葉家譜』に出てくることなので、まちがいないであろう。『別本稲葉家譜』には、

兵庫頭重通〇美濃大野郡清水城主有二四男四女一、〇中略第六子女、実斎藤内蔵助利三女、重通養以為レ子、

とあり、美濃《みの》清水《きよみず》城（岐阜県揖斐《いび》郡揖斐川町清水）の稲葉重通がお福を養女としたことが確実視される。

ところで、お福の養父となった稲葉重通であるが、『寛政重修諸家譜』巻第六〇六によると、稲葉一鉄の長男であることがわかる。しかし、重通の母が一鉄の側室だったため、家督《かとく》は一鉄の正室三条西公条の娘が生んだ弟の貞通がつぎ、重通は別家をおこす形となっている。

別家の方の稲葉氏は、『寛政重修諸家譜』巻第六〇七に載っており、そこには、

重通
　勘右衛門　兵庫頭　従五位下　稲葉　伊予守　良通入道一鉄が長男。母は加納氏。織田右府（信長）につかへ、父卒するのゝち美濃国清水の城主となり、一万二千石を領し、豊臣太閤に近侍す。慶長三年十月三日卒す。呂翁俊尚《ろおうしゅんしょう》慈泉院《じせんいん》と号す。美濃国長良の崇福寺に牌あり。室は牧村牛之助政倫《まさみち》が女。継室は吉田盛方院浄忠《きよただ》が女。

と記されており、そのあとの系譜を略系図にすると次ページのようになる。

稲葉正成の後妻に

お福が稲葉重通の養女になったことと、結婚とは連動していたのではないかと考えられる。つまり、三条西家への奉公をやめたのは文禄三年（一五九四）、お福が十六歳のときのことといわれているが、これは、お福への縁談がもちあがったためと解釈される。三条西家の奥方の侍女となっていたお福は、いったん母のおあんのもとに帰ったのである。

おそらく、母のもとに帰った時点で、稲葉重通の養女となる話がまとめられたのであろう。同時にこれは、お福の嫁入り準備の一環でもあった。

さきの重通の子どもたちを書きあげた略系図をもう一度みていただきたい。重通には男子が四人い

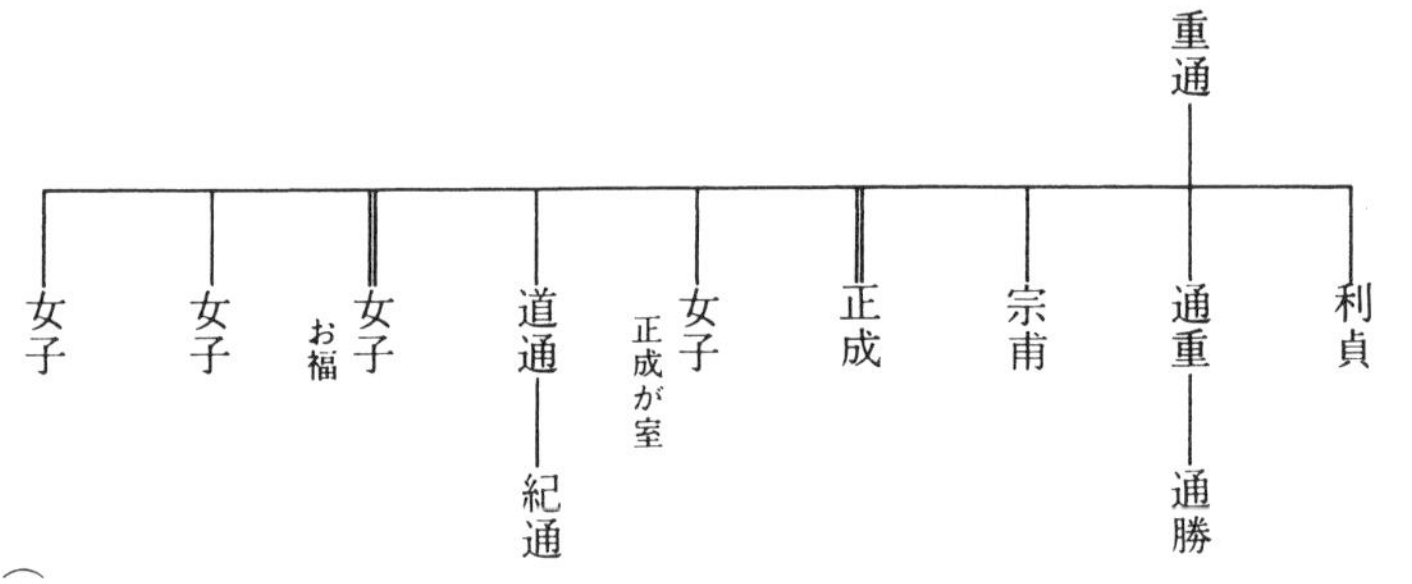

（‖は養子関係）

るにもかかわらず、正成《まさなり》という男を養子としていることがわかる。しかも、それは、すぐ次に出てくる重通の長女の婿《むこ》としていることも確実である。つまり、重通は、自分の長女に婿を迎え、稲葉姓を名乗らせていることになる。そして、この正成こそお福の結婚相手なのである。以下、正成とはどのような男なのか、お福との結婚がどのような経過をたどったのかについて、少しくわしくみておくことにしよう。

正成の父は林惣兵衛政秀といった。林氏のルーツは伊予の河野氏ということであるが、ここではあまり問題とならないので深追いはしないでおこう。

林正成が稲葉重通の婿養子になった要因を、『寛政重修諸家譜』巻第六〇八は、正成の生い立ちを述べながら、次のように説明している。すなわち、

元亀《げんき》二年美濃国本巣郡《もとすぐん》十七条に生る。はじめ稲葉一鉄美濃国曽根城に居す。林氏もまた同国十七条城に

あり。両城の地相まじはるがゆへに、しば〳〵合戦に及ぶといへども雌雄《しゆう》いまだ決せず。一鉄が家老岡部右兵衛某相議し、両家をして和睦せしめ、正成をして重通が婿とす。これより父子の義を結び、稲葉を称す。

というもので、稲葉氏と林氏との和睦のため、林正成が稲葉重通の長女と結婚し、婿となったとする。おそらく、そんなところが真相だったのであろう。

仮に、正成と重通の長女との結婚がそのままであったなら、お福が重通の養女に迎えられるということもなかったと思われる。重通の長女が死んでしまったことにより、その後妻として、稲葉氏にゆかりのあるお福の名がクローズ・アップされてきたのである。

というのは、正成は別家ではあるが、稲葉一族のホープとして将来を嘱望《しょくぼう》されていた。重通としては、自分の長女がなくなり、正成がもし、自分と何のゆかりもない女性を後妻に迎えるようなことがあれば、縁が切れてしまうということを心配した。そのまま稲葉一族としてつなぎとめておくためには、できることなら、自分の娘を後妻に送りこむことが一番であった。

しかし、実の娘二人は、すでに他家に嫁いでしまっており、重通の思惑通りにはいきそうもなかったのである。そこで、一族の娘で、まだどこにも嫁いでいなかったお福に白羽の矢がたてられたという次第である。

お福が正成に嫁いだのは文禄四年（一五九五）で、十七歳のときであった。このころの嫁入りは十五歳ぐらいのケースが多くみられ、十七歳というのは、「ちょっと遅いかな」といった印象をもつ程度で、二十歳を越すというケースもみられるので、結婚年齢としては、まず適齢だったといってよい。にもかかわらず、後妻であったところに、お福のおかれていた境遇を物語る何かがあったわけである。

さきに述べたように、一つは、お福が利三の娘で、世間から「謀反人の娘」と、冷たい目でみられていたことと、もう一つは、やはり容貌が関係していたのかもしれない。お福のもとに、いい縁談はもちこまれなかったのであろう。

ところで、正成と先妻（重通の長女）との間には一男一女があった。一男は正次《まさつぐ》で、一女は、のちに堀田《ほった》勘左衛門正吉《かんざえもんまさよし》に嫁いでいる。ちなみにのちに老中として家光をバック・アップする堀田正盛《まさもり》は、その子どもである。

お福は、輿入《こしい》れ早々、先妻の子どもたちの継母として子育てに奮闘している。

小早川秀秋の家老だった正成

さきに私は、正成が稲葉一族のホープだったと書いたが、なぜホープだったのかについては触れなかった。その理由をここで記しておこう。端的にいって、稲葉正成が、稲葉一族の中の〝出世頭《しゅっせがしら》〟だったからである。重通にしてみれば、嫁がせた娘の死によって、正成が稲葉一族から離れてしまわないように手をうっておく必要があったわけである。そしてその〝手〟が、一族の娘であったお福を、正成の後妻として送りこむことであった。

正成は、はじめ稲葉一鉄の旗本《はたもと》に組み込まれた。天正十二年（一五八四）の小牧《こまき》・長久手《ながくて》の戦いが初陣《ういじん》ということで、正成の生まれは元亀二年（一五七一）なので、十四歳のときということになる。翌十三年（一五八五）三月、秀吉の紀州征伐の前哨戦《ぜんしょうせん》ともいうべき和泉千石堀城《いずみせんごくぼり》（大阪府貝塚市橋本）の戦いで、正成は先駆《さきがけ》の功名をあげ、秀吉の目にとまった。そのころ、稲葉一鉄の旗本から、秀吉直属となっている。

その後、同じ天正十三年六月には羽柴秀長《はしばひでなが》の四国征伐に従軍し、同十八年（一五九〇）の小田原征伐にも従軍し、秀吉の一部将として歩みはじめたのである。

こうして正成はとんとん拍子の出世をしていくことになるが、文禄《ぶんろく》元年（一五九二）にはじまる第一次朝鮮出兵、すなわち文禄の役《えき》のとき、正成は、羽柴秀秋《はしばひであき》隊に組み込まれている。

羽柴秀秋は、秀吉の猶子《ゆうし》であった。猶子とは、「猶、子のごとし」の意味で、養子よりは少しゆるい、名目上の親子関係を結んだ子どものことをいう。つまり、秀吉に実子がなかったため、妻のお禰の実兄である木下家定の五男秀秋を猶子としていたというわけである。

もっとも、秀秋が秀吉にかわいがられ、周囲から、「もしかしたら、秀秋殿が秀吉殿の家督をつぐことになるかもしれない」と思われていたのは、秀吉に秀頼《ひでより》というあとつぎができる前のことで、秀頼誕生によって秀秋の立場は微妙なものとなった。というよりは、秀吉は秀秋の存在を邪魔《じゃま》に思うようになったといってもいい。

その結果、秀秋は、中国地方の名族小早川《こばやかわ》家の養子として送りこまれることになったのである。言葉は悪いが、文字通りお払い箱となってしまったことになる。

ところで、秀秋が小早川隆景《たかかげ》の養子となるいきさつについては興味深い話も伝えられている。秀秋は、本当は毛利《もうり》の本家の跡つぎになる予定だったというのである。

毛利本家の当主輝元《てるもと》にも子どもがなかった。それに目をつけた秀吉は、自分の猶子であった秀秋を輝元の養子として送りつける算段を考えていたが、それを察知した小早川隆景が、先手をうって、秀吉に、「秀秋殿をそれがしの養子に下され」と願い出たというのである。

小早川・吉川《きつかわ》両氏はともに毛利一族で、「毛利両川《りようせん》」などといわれていた。小早川隆景は毛利本家に他家の血が入るのを何とか阻止《そし》しようとして動いたことが明らかである。となると、秀秋は、毛利本家の純血を守る防波堤として使われてしまったことになる。

これは、私の勝手な想像であるが、のち、関ヶ原《せきがはら》の戦いの当日、小早川秀秋は値千金《あたいせんきん》のまさに歴史的な裏切りを演ずるが、その伏線は、このときの秀吉に対する怨《うら》みがもとになっていたのではなかろうか。

さて、稲葉正成は、文禄の役のあと、それまでの秀吉直属の身分から、小早川秀秋の家老に迎えられることになった。正成が、いつ、小早川秀秋の家老になったのか、正確な年月を記したものがないが、私は、文禄三年（一五九四）十一月十三日ではないかと考えている。

文禄三年十一月十三日というのは、秀秋が小早川隆景の養子になった日である。おそらく秀吉は、自分の旗本の中から力量のありそうな者を選んで秀秋付きの家老として、一緒に小早川家へ送りこんだものであろう。正成が、すでに文禄の役のとき、秀秋隊に属していたことも、あるいは秀吉の深謀《しんぼう》遠慮《えんりよ》だったのかもしれない。

小早川秀秋の家老として、正成がどのくらいの石高をもらっていたのだろうか。桑田忠親氏は、正成の石高を四万石としているが（『戦国おんな史談』）、『寛政重修諸家譜』巻第六〇八の稲葉正成の項に、「のち太閤の命によりて秀秋が家老となり、五万石を領す」とあるので、最終的には五万石であったことが明らかである。もっとも、『稲葉淀家譜』には、「為㆓秀秋家老㆒、食㆓二万石㆒」とあり、はじめは二万石だったのかもしれない。

それはともかくとして、五万石ということになると、私が、「正成は稲葉一族のホープだった」といった意味が理解してもらえるのではなかろうか。なにせ、五万石というのは、稲葉氏の本家、一鉄の子貞通の石高と同じであり、庶流家の重通（正成の養父）の石高は一万二千石にすぎなかったからである。重通が、お福を養女にして、正成の後妻にした気持も納得《なっとく》できようというものである。

通説では、文禄四年（一五九五）、十七歳のお福が備後《びんご》三原城（広島県三原市館町）の稲葉正成屋敷に嫁いでいったということになっている。この通説に、私は疑問をもっている。お福が嫁いでいったのは筑前《ちくぜん》名島《なじま》城（福岡県福岡市東区名島）の稲葉正成屋敷だったのではなかろうか。

小早川隆景の本拠は備後三原城であった。しかし、秀吉によって九州が平定されたあと、天正十五年（一五八七）六月二十五日であるが、隆景は筑前一国、筑後二郡、肥前《ひぜん》の一部、合計五十二万四千五百石で転封《てんぽう》を命じられ、それまで立花鑑載《たちばなあきとし》の城だった名島城を大々的に改築し、そこを本拠とするようになっているのである。

隆景が九州へ移ってのちも、三原城は小早川氏の城として残され、家臣が守ったりしていたが、すでに、中心は名島城の方に移っていた。そして、文禄三年（一五九四）、さきにみたように、隆景は秀秋を養子として迎え、この点が重要なのだが、翌文禄四年には、隆景は、すべての権限を秀秋に譲り、三原城に退いているのである。つまり、三原城はこのあと隆景が歿するまでの間、隠居城として用いられていたことになる。

正成は小早川家の家老とはいっても、秀吉から秀秋の補佐を頼まれた、いわば〝秀秋付家老〟であった。三原城に詰めている必然性はないし、むしろ、名島城にいる秀秋の補佐にあたっていたとみるのが自然であろう。そのようなわけで、私は、お福が嫁いでいったのは、名島城下の稲葉邸であったと考えている。

しかし、そのあとずっと、関ヶ原の戦いのときまで、正成・お福夫婦が筑前名島城にいたとみるのは早計である。正成が仕えた小早川秀秋という男は、いろいろと問題をおこしている。

第二次朝鮮出兵、すなわち、慶長二年（一五九七）にはじまる慶長の役のとき、秀秋は弱冠十六歳ながら総大将となって朝鮮半島に渡っているが、彼の地での軽挙妄動《けいきょもうどう》をとがめられ、秀吉の怒りをかって、名島三十三万石を没収されてしまったのである。代わりに与えられたのは越前《えちぜん》北ノ庄城（福井県福井市中央一丁目）であった。石高も大幅に格下げされ、十二万石とされている。あるいは、『稲葉淀家譜』が伝える正成の禄高二万石というのは、このときのことかもしれない。

筑前名島から越前北ノ庄への転封である。当然、家老の正成はもちろん、お福たち家族もこれに従ったであろう。秀秋が秀吉の譴責《けんせき》をうけたのが慶長二年六月二十二日のことなので、お福たちも、遅くともその年のうちには北ノ庄に引っ越していたはずである。ただ、あとでくわしく述べるが、『寛政重修諸家譜』巻第六〇八によると、正成の子正勝のところに、「慶長二年京師《けいし》に生る」と出てくる。あるいは、この時期、お福は京都にいたのかもしれない。家老の妻ということで、伏見の小早川屋敷に人質としてとられていたのであろうか。

秀吉の勘気《かんき》が解かれないまま、翌慶長三年八月十八日、秀吉が死んでしまった。したがって、秀秋は越前北ノ庄十二万石のままであった。

ところが、その翌年、慶長四年二月五日、「秀吉の遺命」ということで、秀秋は筑前名島に返り咲くことになった。しかも、石高は以前より少し多く、三十五万七千石であった。

秀秋の筑前返り咲きの陰の功労者は家康だったといわれている。家康は秀秋にここで一つ恩を売ったことになる。このときの関係も、慶長五年九月十五日の、秀秋の歴史的裏切りの一要素だったとみてまちがいはないであろう。

関ヶ原の戦いと正成

よく、「関ヶ原の戦いのキャスティングボートを握っていたのは小早川秀秋だ」といわれる。たしかに、東軍・西軍が戦いあう関ヶ原の戦場において、西軍とみなされていた小早川秀秋率いる一万五千の軍勢が、疲れのみえた西軍にいどみかかったのだから、「小早川秀秋の裏切りによって勝敗が決した」といってもいいすぎではない。

しかも、秀秋自身はまだ十九歳の少年であり、補佐役としての二人の家老が実質的には秀秋をリードしていたことはまちがいないところであろう。

二人の家老の一人はいうまでもなく、お福の夫稲葉正成である。もう一人は平岡頼勝《ひらおかよりかつ》であった。小早川勢の意思は、この二人の家老によって動かされていった。

では、具体的に、正成は、関ヶ原の戦いにおいて、どのような働きをしたのだろうか。

家康が会津《あいづ》征伐に出発する前のことであるが、『寛政重修諸家譜』巻第六〇八に、

慶長五年、上杉景勝《うえすぎかげかつ》叛逆《はんぎゃく》により、東照宮《とうしょうぐう》会津御発向きこえあるの時、正成、秀秋が使者となりて伏見に参り、山岡道阿弥をもつて言上しけるは、もし上方にをいて逆心の者あらば、秀秋よろしく忠節をつくすべし、其時にあたりて兵を原野に出さば、功をなす事あたはじ、播磨《はりま》国姫路城は秀秋が兄木下右衛門大夫延俊《のぶとし》が守れるところなり、ねがはくばこの城をかりて居城とし、兵略をほどこさんとこふ。東照宮これをゆるしたまふ。よりて申通ずといへども、延俊あへてうけがはず。つゐに秀秋と交りをたつ。このときにあたりて正成、秀秋をたすけてもつぱら其事を謀る。

とあり、正成が秀秋の使者となって家康のもとを訪ね、「姫路城を借りて、上方における逆心の者を討ちたい」といっているのである。これは、秀秋が、家康サイドで動くことを、戦いの前にはっきり家康に伝えたことを物語っている。

しかし、秀秋には秀秋の置かれた特殊な立場もあった。とにかく、秀吉の猶子だったという、故太閤との個人的なつながりや、秀吉夫人お禰（北政所《きたのまんどころ》）の甥《おい》だという血縁関係もあり、豊臣家サイドで動かなければならないという表面上の理由もあり、この時期、秀秋本人はもちろん、その家老である正成は、一瞬の気のゆるみもゆるされない状況に置かれていたのである。

石田三成《いしだみつなり》からも誘いがあった。今日、具体的なもので知られているのは、安国寺恵瓊《あんこくじえけい》・大谷吉継《おおたによしつぐ》・石田三成・長束正家《なつかまさいえ》・小西行長《こにしゆきなが》五名の連署誓書である。秀秋のもとに届けられた誓書の要点は、

一、秀頼が十五歳になるまでは、秀秋を関白とする。
一、上方賄料として、従来の筑前のほかに播磨《はりま》一国を加増する。
一、近江において十万石宛、老臣の稲葉正成・平岡頼勝に与える。
一、当座の音物《いんもつ》として、黄金三百枚を稲葉・平岡の両人に与える。
というものであった。三成は、これだけの餌《えさ》をちらつかせて、秀秋を何とか西軍にとどめておこうと考えたわけである。

もっとも、この三成ら五名の連署誓書は、『関原軍記大成』と、『寛政重修諸家譜』にしかみえないので、疑問がないわけではない。しかし、このような恩賞をちらつかせていたことは事実だったと思われる。これでみれば、西軍勝利の暁《あかつき》には、正成は十万石を与えられるはずだったことになる。

では、この西軍に対し、東軍の家康からはどのような働きかけがなされていたのだろうか。やはり『関原軍記大成』に所収されている文書であるが、この方は、ほぼ同文の文書が『吉川家文書』にみえるので、まちがいないものと思われる。家康からの直書ではなく、家康の家臣井伊直政《いいなおまさ》・本多忠勝連署起請文《きしようもん》である。読み下しにして引用しておこう。

起請文前書之事

一、秀秋に対し、いささかもって内府(家康)御如在あるまじき事。
一、御両人、別して内府《だいふ》に対せられ御忠節の上は、以来内府御如在に存ぜられまじく候事。

一、御忠節相きわまり候わば、上方において両国の墨付、秀秋へ取り候てまいらすべく候事。右三ヶ条、両人請け取り申し候。もし、偽り申すにおいては、かたじけなくも、梵天《ぼんてん》・帝釈《たいしやく》・四大天王、惣じて日本国中大小神祇《しんぎ》、別して八幡大菩薩《はちまんだいぼさつ》、熊野三所権現《ごんげん》、加茂・春日・北野天満大自在天神、愛宕《あたご》大権現、御罰を蒙《こうむ》るべき者也、仍《よ》って起請文くだんのごとし。

慶長五年九月十四日

本多中務大輔
忠勝血判
井伊兵部少輔
直政血判

平岡石見守殿（頼勝）
稲葉佐渡守殿（正成）

この連署起請文は、日付からも明らかなように、関ヶ原合戦の前日であった。秀秋は、西軍につけば関白、東軍につけば畿内《きない》で二ヵ国の大名になれるというわけで、西軍からの誘いも魅力であった。秀秋が最後の最後まで去就《きよしゆう》を決しかねた事情もわかるような気がする。

秀秋の家老稲葉正成は、当初から東軍につくことを考えていたようであるが、実際の事態の推移の中では、いつの間にか、西軍の陣営に数えられてしまっていたというしかない。慶長五年七月十九日からはじまった西軍の伏見城攻撃をみているとそんな気がしてくる。秀秋は、畿内にいたために、仕方なく伏見城包囲の軍勢に組み込まれてしまったのである。

八月一日、伏見城陥落後、西軍主力は伊勢の安濃津《あのつ》城（三重県津市丸之内）攻撃に向かったが、秀秋はこれに従わず近江にとどまり、そののち、独自に動いて美濃へ進んでいる。

関ヶ原の戦いの当日、九月十五日、秀秋は一万五千の大軍を率いて松尾山に布陣していた。前夜半、大垣城から関ヶ原へ移動中の石田三成がわざわざ松尾山の秀秋陣所を訪ね、家老の平岡頼勝に会って、西軍として戦うことの念押しをしている。三成にとっても、秀秋の去就が心配だったのである。

関ヶ原にたれこめていた霧が晴れだした午前八時ごろ、ついに東西両軍の戦いの幕が切って落とされた。一進一退の激戦が続けられ、やや東軍優勢のまま時間だけがすぎていった。

午前十一時ごろ、三成は総攻撃に転ずるための合図の狼煙《のろし》をあげた。事前の約束では、この合図の狼煙で、いっせいに東軍に攻めかかる手はずとなっていたのである。五分五分の戦いであり、しかも朝からの戦闘で相当疲れていたため、それまで、まったく戦闘に加わっていなかった松尾山の手つかずの一万五千の小早川勢がどう動くかが、勝敗の帰趨《きすう》を決めるであろうことは、家康も三成も意識していた。それほどの接戦だったのである。

三成は、秀秋が狼煙で動かないとみるや、すかさず伝令を出し、「すぐ山を下って東軍を攻めるべし」との命令を伝えさせた。いっぽう、家康の方はもう少し荒っぽく、「脅《おど》しのため鉄砲を撃ちこませよ」と命じ、事実、松尾山に向け、東軍から鉄砲が撃ちこまれている。正午を少しまわったころであるが、松尾山の小早川隊が動きはじめた。松尾山を下り、山麓に布陣していた西軍の大谷吉継隊を攻めはじめたのである。

関ヶ原の戦いは、この秀秋の裏切りによって西軍総崩れとなって終わった。

翌十六日、秀秋は家康から佐和山《さわやま》城攻めを命ぜられている。これはよくあるパターンで、内応者がその忠誠度をチェックされるものであった。佐和山城攻めのときには稲葉正成の活躍ぶりが光っている。『寛政重修諸家譜』巻第六〇八の正成の事績から引用しておこう。

十六日の朝秀秋鈞命《きんめい》をうけたまはり、井伊兵部少輔直政と佐和山の城を攻。城兵しきりに鉄炮をはなつ。味方死するもの多くして進む事あたはず。正成石壁のほとりに近づきつとめたゝかひて退かず。城兵退口のときにあたりて赤熊毛の指物《さしもの》し、弓・鉄炮をもつて駈向ふものあり。正成たゝかひてこれをうちとり、つゐに三丸にせめいり、其後落城にをよぶ。十七日、このたび秀秋忠戦をいたす事ひとへに正成がはからひによるところなりとて、御書をたまふ。

稲葉正成の家譜なので、ある意味では「正成が軍功第一であった」式の書き方になるのはあたりまえであるが、そうした事情を多少割り引いたとしても、ある程度は事実を伝えているのではなかろうか。秀秋・正成主従は、晴れて妻や子どもたちの待つ筑前名島城に凱旋《がいせん》している。

名島城での生活はそう長いものではなかった。関ヶ原の戦いの論功行賞の発表があり、秀秋に備前・美作《みまさか》（岡山県）二ヵ国五十一万石が与えられたからである。お福たちも岡山城（岡山県岡山市丸の内）の屋敷に移ることになった。

お福と正成との間に四人の男子

さきに述べたように、正成と先妻との間に一男一女があったが、正成と後妻お福との間に四人の男子が生まれている。三男二女あったとの説（水江漣子『近世史のなかの女たち』）もあるが、私は、『寛政重修諸家譜』巻第六〇八により、四人の男子というように考えておきたい。

長男が慶長二年（一五九七）に京都で生まれた点についてはすでに触れた。ちょうど、小早川秀秋が筑前名島から越前北ノ庄への転封の年にあたっており、混乱をさけて京都で子どもを産んだという解釈もできるが、このころ、まだのちの参勤交代の制度ほど厳格なものでないにしても、大名たちの妻子を人質にとることはかなり制度化されており、秀秋の家老正成の妻お福が、京都伏見城下の小早川秀秋邸に人質としてとられていたことは十分考えられるところである。

お福と正成との間に生まれた長男は千熊《せんくま》という幼名で呼ばれている。のちの正勝である。二男は慶長五年（一六〇〇）に生まれており、幼名を七之丞といい、元服して正定と名乗っている。三男の幼名岩松と名づけられた子は幼くして死に、四男が慶長九年（一六〇四）生まれの正利ということになる。

岡山城にあって、まずは平穏な生活がスタートしたといっていい。あるいは、お福の一生にとって、岡山城時代が一番平穏な時代だったのかもしれない。夫は備前・美作二ヵ国五十一万石の太守小早川秀秋の家老であり、二人の男の子に囲まれ、充実した日々を送っていたものと思われる。

おそらく、そのころのことであろう。あるいは筑前名島時代のことかもしれない。お福の武勇伝が伝えられている。

あるとき、正成の留守中に、稲葉邸に夜盗が入った。ふつうならば、夫が留守ということで、立ち向かって命を奪われては損なので、どこかに身を隠すか、大いそぎで家人を呼ぶところであるが、お福は財物を奪おうとする賊に立ち向かっていき、刀（一説には長刀）で夜盗の数人を斬り捨てている。驚いた賊は何物も盗らず遁走《とんそう》していったというのである。

この一事で断定するのは問題かもしれないが、私は、「お福はいかにも戦国の女だったんだな」という印象をもつ。どうも、近世の女とはひと味ちがうのである。荒々しい戦国の気風が、お福という女をつくり出したような気がしてならない。

事実、戦国時代には、夫に代わって城を守った女もいれば、夫の死後、子どもが成長するまでの間、子どもを補佐し、立派に領国経営を成し遂げた女もいた。

そうした戦国の女たちの総決算ともいうべきものがお福だったのではなかろうか。あるいは、少し遅れて咲いた、最後の戦国の花といってもいいのかもしれない。

3　竹千代の乳母となる——浪人の妻からの鮮やかな転身

浪人する正成・離縁するお福

備前《びぜん》岡山での親子四人の水いらずの生活も長くは続かなかった。正成《まさなり》が小早川《こばやかわ》家を飛び出してしまったのである。正成は禄《ろく》を離れ、浪人《ろうにん》の身となってしまった。

一説に、正成が浪人の身となったのは、慶長七年（一六〇二）、小早川秀秋《ひであき》が二十一歳の若さで死んでしまい、あととりの男子がなかったため、お家断絶の憂き目にあい、浪人したという解釈もあるが（『図説・人物日本の女性史』6大奥の修羅《しゅら》と葛藤《かっとう》）、そうではあるまい。『明良洪範《めいりょうこうはん》』に、「佐渡守（正成）ハ、筑前中納言（小早川秀秋）家ヲ立ノヒテヨリ、……」とあり、小早川秀秋がまだ大名の身分であった段階で、正成が小早川家を立ちのいたことが明らかである。『寛政重修諸家譜《かんせいちょうしゅうしょかふ》』巻第六〇八の正成の事績を記したところに、

（慶長）六年十二月、政事によりてしば〳〵秀秋を諫《いさ》め、其言用ひられず。こゝにをひて一族を

携へ、兵器を備へ、甲冑《かっちゅう》を帯して備前国を去、本国美濃《みの》国にいたり、谷口に閑居《かんきょ》す。

とあり、意外な事実がクローズ・アップされてくる。つまり、正成は、家老としての立場から、常々、主君秀秋に対し、諫言《かんげん》を行っていた。ところが、その諫言がうけいれられず、結局、正成の方が、小早川家を見限って、岡山城を飛び出したのだということが明らかとなる。「兵器を備へ、甲冑を帯し」た家老が退出するなど、どう考えてもふつうではない。秀秋と正成との間に、相当深い溝が生じていたのであろう。

ちなみに、秀秋は、翌慶長七年(一六〇二)十月十八日、原因不明の死に方をしている。二十一歳の若さということもあり、これもどう考えても尋常ではない。よく、「大谷吉継《おおたによしつぐ》の祟《たた》りによって呪《のろ》い殺された」などともいわれるが、祟りというだけでは非科学的であり、そのままにうけとめることはできない。しかし、関ヶ原での裏切り行為に対する良心の呵責《かしゃく》に耐えられなくなったことは十分考えられるところで、さらには、西軍に属していた大名たちの家臣が浪人し、秀秋を呪うような怨嗟《えんさ》の声は秀秋のもとにも聞こえていたはずで、一種のノイローゼ状態から、さらに心神喪失の状態に進んでいたことが考えられるのである。

正成は、たびたびの諫言もうけいれられず、小早川家の将来に悲観し、飛び出してしまったのであろう。

ややうがった解釈をすると、「浪人しても、すぐ同じ五万石程度で召し抱えてくれるところがあるだろう」と正成はたかをくくっていたのではなかろうか。迎えの使者がくるまで、しばらく故郷の谷口（現在、岐阜県関市武芸川《むげがわ》町谷口）で、気ままに暮らそうと考えていたのであろう。

ところが、正成自身は気がつかなかったかもしれないが、正成が浪人した慶長六年ごろというのは、時代の一つの転換点だったのである。戦国から近世への大きなターニング・ポイントであった。

よくいわれるように、戦国時代は実力の時代であった。能力こそがものをいい、腕一つでのし上がることができた時代である。それに対し、近世は秩序の時代であった。上下の秩序をしっかり守ることが大前提になっていたのである。

このことは、いわゆる「武士道」一つをとってみてもはっきりする。戦国武士道は、強い者への傾斜という側面をもっていた。極端ないい方をすれば、強いことがイコール正義であった。したがって、武士たちは、強い主人を求めて渡り歩いていたというのが実情である。一人の主人に終生仕えようなどという気はない。〝下剋上《げこくじよう》〟の言葉に代表されるように、自分より主人の方が弱いとみれば、すぐそれにとってかわろうとするし、今の主人よりも別の主人の方が自分を優遇してくれそうだと思えば、そちらへ乗り換えるなど、日常茶飯事《にちじようさはんじ》であった。だからこそ裏切りも肯定されたのである。

しかし、近世武士道はちがっていた。儒教道徳を下敷きにして、〝下剋上〟の三文字にかわって〝忠義〟の二字が全体を支配したといってもいい。よく、近世武士道のうたい文句のように、「武士は二君にまみえず」といわれるが、近世武士道では、裏切りは最大の恥辱《ちじよく》という観念に変わっていた。

小早川秀秋の、関ヶ原の戦いにおける裏切りは、舞台が舞台であり、また、文字通り、戦いの勝敗を決定づけた裏切りだったということもあり、あまりにも有名であった。しかも、正成は、実際にその裏切りを演出したプロデューサーでもあったのである。

戦国の世には是認された裏切りも、慶長六年には、世間はちがった目で見はじめていた。ちょうど、武士道観念の移行期というか、端境期《はざかいき》にあたっていたのである。待てども待てども、谷口に閑居している正成のもとに、仕官を勧める使者はやってこなかったのである。それに、五万石という禄高も高すぎた。もと五万石をとっていた武士に、「一万石でどうか」とはいい出せなかったのも一因であろう。

慶長七年（一六〇二）もあっという間にすぎ、翌八年も、何の音沙汰もなかった。翌九年には、さきに触れたように、四男の正利が生まれ、正成はもちろん、お福《ふく》もしだいに焦《あせ》りはじめた。「このまま谷口に埋もれてしまうのだろうか」という思いが生まれはじめたのではなかろうか。

この焦燥感《しょうそうかん》とお福の離縁は無関係ではあるまい。しかし、お福と正成との離縁については諸説があり、真相をうかがうことはなかなか容易ではないのである。

正成・お福夫妻の四男正利が生まれたのは慶長九年（一六〇四）であるが、何月何日生まれなのかははっきりしない。しかし、その年の七月十七日に誕生した竹千代（のちの家光）の乳母《めのと》になっていることは確実なので、少なくとも慶長九年七月十七日以前には、お福は正成と別れ、江戸にいたことになる。

　さて、そこで、問題は、お福はなぜ正成と離縁したのかである。

　一つの有力な考え方は、正成の女性関係が原因だとする。たとえば、『香宗我部《こうそかべ》記録』に、「嫉妬《しっと》にて佐渡守家を出、京都に行」とあり、側室を何人ももつ正成に嫌気がさし、家を飛び出したということになる。

「この時代、武士が側室をもつのはあたりまえなのに、お福がそう考えるのはおかしい」と反論する人がいるかもしれない。たしかに一般論としてはそうであろう。五万石を食《は》み、小早川秀秋の家老であった時代はそれでもよかったかもしれないが、浪人し、谷口に閑居するようになった身で、なおかつ側室をもち続ける正成に、お福は我慢《がまん》ならなかったのかもしれない。

　家老屋敷ならば邸内に部屋がいくつもあり、側室が何人いようと、日常顔をあわせることなく生活できたであろうが、谷口の閑居というからには、そういく部屋もある家というわけにはいかなかったであろう。

　正成の女性問題に離縁の原因があったとする立場の解釈にとって、決定的ともいうべき史料がある。『備前軍記』であるが、そこに、

　……内匠(正成)の妻(お福)すぐれて嫉妬深し。然るに、内匠、妾を京都より呼寄せて、是にも子出生す。されども、是を妻にはかくして、別の屋敷にありと聞、それにては外聞もよろしからず、此屋敷へ呼

寄給へ、少もくるしからずと。又、男もありと聞し、是亦此方にて養育すべしと、最懇《ねんごろ》にいひし故、能《よく》も申されしとて、内匠も悦び、別屋敷より呼寄て、内匠妻へ目見へして、又懇に申されければ、妾も安心してありしが、一日、内匠の留守なりし時、其妾を間近く呼、刀を抜て衣装の内にかくし持て、只一打に切殺し、兼て用意有て、乗物にのり、裏門より出、上方へ登り、里に帰ける。其後、此妻、江戸の御内所へ出て勉けるが……（後略）。

と記されている。つまり、お福は、側室を刀で殺し、出奔《しゆつぽん》してしまったというのである。『備前軍記』の史料の信憑《しんぴよう》性からいうと、ここに書かれたことすべてが事実だったとみることはできないが、ある程度は真実を伝えているのではないかと考えられる。というのは、『寛政重修諸家譜』をみると、「母は某氏」と註記してある子どもが二人おり、正成に側室がいたことは事実であり、夫の女性問題に悩み、家を飛び出したことは考えられるからである。今日流にいえば、お福は蒸発妻ということになろう。

さて、もう一つの有力な説は、これとは全く異なる解釈である。お福が竹千代の乳母となったあと、正成の方から離縁したというのである。『麟祥院清話』（『三田村鳶魚全集』第一巻）によると、お福が乳母として任用されたあと、お福の夫だということで、「正成も徳川家に任用されるそうだ」という話が正成の耳に入ってきた。すると、正成は、「妻の脚布に裹《くる》まれて出る士ではない」といって、お福を離縁したというのである。武士の意地を通すため離縁したという解釈になる。

もちろん、その外にもいろいろな説があり、たとえば、本心で離縁するつもりはなく、夫の女遊びを反省させるため、一種のデモンストレーションのつもりで家を飛び出したという解釈もある（徳永隆平『女人の寺』）。

宮本義己氏は、浪人生活に満足できなかったという考え方をとっている（「春日局—大奥に君臨した乳母—」『歴史読本』昭和六十二年新春号）。たしかに、家老夫人で、五万石の生活をしていた者が、いっきに農村の生活ではあきたりないものがあったろう。またもとの華やかな生活にもどりたいという願望が、出奔の直接的理由だったのかもしれない。女性問題での〝逃げ〟と解釈するよりは、自分の生活を少しでもよくしたいという前向きな生き方としてこの問題をみる方が、その後のお福の生き方に合っているような気がする。

それにしても、夫を置いて家を出ることなど、近世の女性では考えられないことである（長野ひろ子「幕藩法と女性」『日本女性史』第三巻近世）。こんなところにも戦国の余風を感じるし、お福が戦国の女であることを強く印象づけている。ここで思いおこされるのが、ルイス・フロイスの『日欧文化比較』の中にある「汚れた天性に従って、夫が妻を離別するのが普通である。日本では、しばしば妻が夫を離別する」という文章である。

竹千代誕生と乳母の「公募」

慶長九年（一六〇四）七月十七日、江戸城において徳川秀忠《とくがわひでただ》の二男が生まれた。幼名竹千代、のちの三代将軍家光《いえみつ》である。竹千代という名前から、竹千代すなわち家光を秀忠の長男と考えている人も多いと思われるが、実は、竹千代より前に、長丸《ちょうまる》と名づけられた長男が生まれている。この長丸のことについてはあとで触れることにしよう。

戦国時代でもそうであるが、将軍とか大名クラスになると、生みの親がそのままわが子にお乳をあげるということはまずなく、乳母が生みの母親にかわって育てるシステムが確立していた。

私などは、乳母という名前を目にしただけで、いつも織田信長の乳母のことを思い出してしまう。というのは、幼名吉法師《きちほうし》とつけられた信長は、乳母の乳首をかみきってしまい、乳母が何人も交代し、ようやく池田恒利《いけだつねとし》の夫人が乳母となり、乳首をかみきるくせがなおったというエピソードを思いおこしてしまうからである。

竹千代誕生にあたって、すぐ乳母がつけられたことはいうまでもない。そして、その乳母というのがお福だったのである。

では、浪人の妻だったお福が、どのようなきっかけで秀忠の子竹千代の乳母に上がることができたのだろうか。常識的に考えれば、将来の三代将軍になろうという竹千代の乳母である。家康か秀忠かに直接関係があり、しかも身分的にもかなりしっかりしている婦人が選ばれるのが当然であろう。それが「謀反《むほん》人の娘」であり、浪人の妻であるお福が選ばれる必然性はほとんど皆無《かいむ》といってよかった。

従来からの通説だと、秀忠夫人に子が生まれそうだというので、京都の粟田口《あわだぐち》に、乳母公募の高札が立てられ、たまたまそれをみたお福が京都所司代《しょしだい》のところに出頭し、採用されたということになっている。

私の知る範囲で、この通説のルーツとなったのは『春日局由緒』ではないかと思われる。関連する部分のみ引いておこう。

慶長九甲辰年、局(お福)歳二十六、関東　新将軍家　若君《家光公》御誕生に付、さりぬべき　御乳母京都に尋らるゝ処に、其頃は関東を恐るゝ事、鬼有る所に行く心地すとて、誰も下らんと言ふ女なし。此時、粟田口に札建て尋らるゝ、抔《など》、沙汰するを聞て、此佐渡守(正成)が妻上京して、板倉伊賀守に附て、我等如きも苦しからずば、罷《まかり》下るべしやと申ければ、伊賀守聞て、俗姓と言ひ夫といへ、何れも武勇名高きを以て、尤然るべしと、早々関東へぞ下しける。

一読してこれが通説のもとになったものであることは明らかであろう。『明良洪範』も、

……関東ニテ若君御誕生ニヨリ、然ルベキ御乳母ヲ、京都ニオヒテ求メラル、ニ、ミナ人関東ヲオソレテ、誰モ召ニ応ズルモノナキユヘ、粟田口ニ札ヲタテ、尋ネモトメラル、コトヲ聞テ、此

女上京シテ、板倉伊賀守勝重ニ寄テ、我等ガゴトキ賤《いや》シキモノニテモ、宜シク候ハヾ、関東へ罷下ルヘシトイフ、勝重モ、俗性《姓》トイヒ、夫ト云、何レモ武名高ヲ以テ、許諾セラレ、速カニ関東へ下シ、……

と記し、さきの『春日局由緒』とほとんど同文であり、これが、かなり人口に膾炙《かいしゃ》していたことを物語っている。

江戸城に生まれる秀忠の子の乳母を、何でわざわざ京都に、高札までたてて求めなければならなかったのだろうか。この点について田井友季子氏は、生まれてくる子の母、すなわち秀忠夫人小督《こごう》のたっての希望だったとしている（「乳母群像」『歴史と旅』昭和五十二年九月号）。「野暮なむくつけき関東の女にわが子を育てられるのはまっぴら」という論理である。

もう少し通説的な解釈を続けよう。高札をみたお福は、その足で京都所司代板倉勝重《いたくらかつしげ》を訪ねたわけではなかった。いきなり、「高札をみて応募してきました」といって名乗り出たのでは軽く扱われることはわかりきっていた。この点、頭のよかったお福は、いきなり名乗り出ることをせず、人を通して、「高札の趣旨にあう女を知っている」と、京都所司代に伝えさせるという手のこんだことをやったというのである。

お福はまず、父の旧友だった絵師の海北友松《かいほうゆうしょう》に頼み、京都所司代に出入りのある太物《ふともの》商後藤縫殿介《ごとうぬいのすけ》の口から、「おそれながら……」と、お福のことをいわせたという（『図説人物日本の女性史』６大奥の修羅と葛藤)。

これに対し、別な解釈もある。正成のもとを飛び出したお福は、とりあえず京都に入ったが、これといって行くところはなく、結局、結婚前に侍女として奉公に上がったことのある三条西《さんじようにし》邸を訪ねたのである。そこではじめて、粟田口に乳母公募の高札が出されていたという情報を教えられたという。京都では町中の話題になっていたらしい。

お福は、その少し前に四男の正利を産んだばかりで乳は出る。夫と別れてきたところだし、三人の子も育てなければならないというわけで、公募に応ずる決心をし、三条西家からの紹介だということで、京都所司代の門をたたいたという(和歌森太郎・山本藤枝『日本の女性史』3近世)。

海北友松の口ききだったのか、あるいは公卿の三条西家の紹介であったのか、今となってはわからない。

いや、それ以上に、高札をたてて乳母の公募をしたという小説じみたことが、果たして史実だったのか、あらためて問い直してみることも必要ではないかと私は考えている。以下、この問題に少しこだわってみよう。有名だからといって、史実ではないことは、実際かなり多いからである。

お福抜擢の真相をさぐる

京都粟田口に、乳母公募の高札をたてたという話は、離縁して京都に出たお福と、少しして江戸城で竹千代の乳母に抜擢《ばってき》されたお福とを結ぶ舞台設定として創作されたのではなかろうか。以前、水江漣子氏が『近世史のなかの女たち』で、この一件をとりあげ、「公募によってたまたま世にでたというよりは、阿福《おふく》の出身と幕府の意向との何らかのつながりがあって、乳母にきまったというほうが事実に近いといえよう」と述べ、また、辻達也氏が『日本の歴史』13江戸開府で、「一説によると、幕府は乳母を京都に求めたが、これに応ずる者がなかった。そこで粟田口に札を立てて募集したので、ふくはこれを知って応募したという。しかしこの説は信用できず、すでに大奥に女中として仕えていたのを召し出されたというのが真実らしい」と指摘しているのに励まされ、この問題を考えてみたい。

高札による公募以外、お福が抜擢された理由としてあげられている考え方をまず検討しておこう。さきに紹介した『春日局由緒』において、粟田口の高札をみて応募してきたと記したのに続いて、割註の形で、「一説に尾張大納言殿《おわりだいなごんどの》御慈母相応院《しょうおういん》殿の推挙にて、江戸に来るとも言ふ」と、一つの異説を紹介しているのが注目される。

ここにみえる尾張大納言というのは、家康の九男徳川義直《よしなお》のことである。したがってその母相応院というのは、家康の側室お亀の方である。つまり、お福は、家康の側室お亀の方の口添えで江戸城入りしたということになる。では、お福とお亀の方とは、いかなる接点があったのだろうか。お亀の方は、京都石清水《いわしみず》八幡宮の社人の娘だったので、京都での生活経験のあるお福と接触のあった可能性は皆無ではない。しかし、この線で考えることはまず無理だろう。

お亀の方は、家康の側室として召し出される前、竹腰定右衛門という侍に嫁いでいたことがある。竹腰定右衛門が切腹してしまい、寡婦《かふ》となっていたところを家康が召し出したといわれている。竹腰定右衛門という侍の履歴をきちんと調べたわけではないので何ともいえないが、竹腰という苗字は美濃によくみられる苗字であり、また、岐阜城主だった織田信忠に仕えていたともいわれているので、美濃の出身だったことが考えられる。お福も美濃にゆかりがあり、あるいは、このことが接点になっていたのかもしれないが、これ以上、確証となるものは一つもない。『春日局由緒』が異説の形で伝えている相応院の推挙という線は消えるのではなかろうか。

次に、柏原永以《かしわばらえいい》の『古老茶話』には、お福がやはり家康の側室だった西郷局《さいごうのつぼね》の部屋子として仕えたことがあると記している。西郷局はお愛の方ともいわれ、秀忠の生母である。これが事実とすれば、西郷局にもゆかりがあるということで納得しやすい。

しかし、西郷局は天正十七年（一五八九）五月、二十八歳の若さで死んでしまっている。天正十七年以前に、お福が西郷局に仕えたことはまず考えられないので、この説も成り立たない。

私の知るかぎりでは、高札での公募以外、お福の抜擢の事情を伝える史料はこの二つだけである。しかも、以上みてきたように、二つが二つとも否定されてしまうわけで、別な可能性を考えなくてはならない。

そこで注目されるのは、京都在住の女流文人小野於通《おののおつう》との関係である。「お福は小野於通の斡旋《あつせん》で乳母に上がったのではないか」という仮説を提唱しているのが宮本義己氏である。氏は、小野於通が斎藤氏の一族であること、お福にとっては父方の縁者であったことを明らかにし、お福が小野於通を頼って上京したのではないかとしたのである（「春日局―大奥に君臨した乳母―」『歴史読本』昭和六十二年新春号）。

小野於通も謎《なぞ》にみちた女性である。これだけ世に知られた人物であるにもかかわらず、生歿年がわからない。織田信長の侍女だったともいい、豊臣秀次《ひでつぐ》にも仕えたという。はっきりしているのは秀吉の正室高台院《こうだいいん》に仕えていることであろう。

しかし、小野於通がお福を江戸城に斡旋したのなら、なぜ諸種の史料に出てこないのだろうか。そのあたりが不明である。

なお、私は、もう一つの可能性として、海北友松との関係を考えている。海北友松は粟田口に晒首《さらしくび》となった斎藤利三の首をひそかに奪い取り、京都の真如堂《しんにょどう》の墓地に葬ったといわれている。その後もお福たち遺児の面倒をみているので、可能性は皆無とはいえないのではないか。

ただ、海北友松の場合、小野於通よりも、江戸とのパイプは細いのが難点である。

小野於通の斡旋だったのか、あるいは海北友松の斡旋だったのか、はっきりしたことはわからない。しかし、いずれにせよ、お福の履歴に目をとめたのは家康だったのではなかろうか。何よりも、明智光秀の家老斎藤利三の娘だという血筋がいい。豊臣秀頼《ひでより》がまだ大坂城にいるとはいうものの、「光秀の遺臣の娘」は、経歴にさわるわけではない。むしろ家康は、利三の武将としての資質を知っていただけに、かえってよろこんだであろう。

また、家康にしてみれば、お福が稲葉正成の妻だったということも、ある種の感慨《かんがい》をもってうけとめたはずである。関ヶ原勝利の功労者は、つきつめていえば稲葉正成にあったという思いは家康とてもちつづけていたものと思われる。

その正成が浪人の身だということは家康も知っていたろうが、やはりうしろめたいところもあったであろう。仮に乳母の候補が何人かあったとしても、家康が最終的に選ぶとすれば、お福を選んだのではなかろうか。お福がはじめて江戸城に上がり家康に拝謁《はいえつ》したとき、家康は「汝は斎藤内蔵助が女也。父武名を以て天下に顕はる。汝女人といへども、恐らくは常人に非ず。能勤て竹千代を保護せよ」（『春日局由緒』）といったという。

家康も、乳母はただ乳を与えるだけの役目でないことを承知していた。幼児教育者として、春日局に期待をかけたのである。父親が斎藤利三だということは、かえってプラスになっていることがわかる。

傅役と小姓たち

『慶長見聞録案紙』という史料に、慶長九年（一六〇四）十一月八日、竹千代が、はじめて江戸城半蔵門《はんぞうもん》外にある土産神《うぶすながみ》山王社に宮参りをしたときの記事があるが、そこには「御懐守《おふところもり》水野勘八・川村善二・内藤甚十・大草治左衛門」と出てくる。御懐守は抱守《だきもり》のことであり、子育て係である。つまり、幼いころの竹千代は、乳母のお福と、この四人の抱守に育てられたことがわかる。

もっとも、抱守は身分は低く、子育て係とはいっても、教育ではなく、あくまで、竹千代を危険な目にあわせないように気をくばるガードマン的役割と考えた方がいい。

やがて、ものごころがついてくるころになると、身分の高い傅役《もりやく》、すなわち守役がつけられるのである。帝王学の教授というか、いわゆる「将軍教育」が傅役によってはじめられることになる。

では、竹千代の傅役に抜擢されたのは誰だったのだろうか。ふつうには、酒井忠世《さかいただよ》・土井利勝《どいとしかつ》、青山忠俊《あおやまただとし》の三人といわれている。たとえば、『寛政重修諸家譜』巻第七二七の青山忠俊の項に、「（元和元年）九月或は十一月酒井忠世、土井利勝とおなじく大猷院《だいゆういん》（家光）殿を輔翼《ほよく》したてまつるべきむね、両御所（家康、秀忠）より懇《ねんごろ》の仰をかうぶる」とあり、傅役としてつけられたのが元和元年（一六一五）のことであったことも明らかである。

『武野燭談《ぶやしょくだん》』巻之五「家光公へ御附人の事」の項にも、

……酒井雅楽頭《うたのかみ》忠世、土井大炊頭《おおいのかみ》利勝、青山伯耆守《ほうきのかみ》忠俊等三人を竹千代君輔佐の臣に附けさせ給ひけり。されば雅楽頭は威儀を正して仕うまつり、土井、青山も心を置く程に打見え、大炊頭は無二の相口（合）になりて、御伽《とぎ》を申しながら諫を申上げ、伯耆守は只管《ひたすら》諫諍《かんそう》の臣となりて、取々の扶《ふ》翼《よく》、其源は東照宮の神慮にありて、大相国（秀忠）の御下知なりとぞ。右三人の輩へ、大神君上意数々の中に、汝等三人一和して諫言せよ。

とあり、竹千代の傅役が酒井忠世・土井利勝・青山忠俊の三人であったことを伝えている。

お福を慈母とすれば、厳父《げんぷ》の役割をこの三人がつとめたということになるが、いかにも家康らしい抜擢といえる。というのは、三人の性格がそれぞれちがうからである。ちょうど、家康が三河時代、三河三奉行というものを置いて、「仏高力《こうりき》、鬼作左、どちへんなしの天野三兵」といわれる高力清長・本多重次・天野康景という三者三様の個性を、適材適所主義で配置したのと似ている。

この場合、酒井忠世の智、土井利勝の仁、青山忠俊の勇で、いわゆる将の器として必要な〝智仁勇〟を身につけさせたというのである。事実、はるかのちになるが、十四代将軍家茂《いえもち》は、「昭徳院殿座右三輔図記《さんぽずき》」というものを描かせているほどなので、このことは歴代将軍の間では相当有名になっていたのであろう。

ただ、酒井忠世・土井利勝はともに幕閣《ばっかく》にあり、政務がいそがしかったと思われるので、どちらかといえば名目上の傅役だったのではなかったかと私は考えている。実際、常に竹千代のそばにあって帝王学の教授にあたっていたのは青山忠俊ではなかろうか。おそらく、そうした事情もあったのであろう。少年時代の竹千代のエピソードには、青山忠俊がしばしば顔を出してくるのである。

青山忠俊が竹千代を諫めるときの諫め方がまたふるっている。『武野燭談』巻之十「家光公三臣心持の事」に、

伯耆守（青山忠俊）は御諫めを中上げて、少し御難渋なる時は、自ら無刀になり、大肌脱《はだぬぎ》にて御膝の上に這懸り、某《それがし》を御成敗遊ばされて、上の御心を直され候と、強く諫め争ひ申す事度々なりき。

とあるように、「それでも行いを改めないなら、私を斬ってくれ」と竹千代の膝《ひざ》にすがって諫めたというのである。

その他、竹千代、否、すでに元服《げんぷく》して家光を名乗ってあとのことであるが、家光が踊りにこったことがあり、髪を結わせて合わせ鏡で化粧《けしょう》をしていることがあった。

それをみた青山忠俊は、やにわに家光の手から合わせ鏡をとりあげ、庭へ投げ捨ててしまった。これが家光二十二歳のときのことというのだから、傅役もずいぶん手をやいたことであろう。

ついでなので、ここでその後の青山忠俊のことについて触れておく。

忠俊は、家光が将軍になった直後、それまでの四万五千石から二万石に落とされ、同時に所領は弟の幸成に与えられ屛居《へいきょ》を命ぜられている。いつもうるさくこごとをいわれていた腹いせに、将軍になったのをいいことに、しっぺがえしをしたのであろう。役目がらとはいえ、青山忠俊の立つ瀬はない。よかれと思って厳しく教育してきたことが、このような形でかえってきたのだから、あきらめにも似た気持で配所におもむいたのであろう。

その配所というのが遠州小林であった。現在の静岡県浜松市浜北区小林で、そこの小字椿島というところに屋敷があったという（北浜村村誌編纂委員会『青山忠俊と小林』）。浜北市史編纂室の高橋功氏の話だと、いい伝えでは、蟄居《ちっきょ》中の忠俊は村人から慕われていたという。忠俊は、その後遠江国佐野郡今泉に移ったりしているが、とうとう生存中には家光の赦《ゆる》しがなく、寛永二十年（一六四三）、配所で歿している。

ところで、本書では、竹千代の傅役を酒井忠世・土井利勝・青山忠俊の三人ということで筆を進めてきたが、最近の研究では、むしろこれに批判的な立場をとるものが多い（北島正元編『徳川将軍列伝』・辻達也『日本の歴史』13江戸開府）。

その史料的根拠は、『本光国師日記《ほんこうこくしにっき》』元和《げんな》二年（一六一六）六月十一日条である。そこに、本光国師、すなわち金地院崇伝《こんちいんすうでん》から細川忠興《ほそかわただおき》に贈った書状の案文が載っているが、この書状案文によると、元和二年五月末に、酒井忠利・青山忠俊・内藤清次の三人が「若君様へ御守」につけられたと出てくるのである。

傅役が任命された年が元和元年ではなく二年だということ、これはまだいいとして、肝心の傅役の人名にちがいがあるのを、どう考えたらいいのであろうか。

史料の信憑性の点からいえば、『武野燭談』などより『本光国師日記』の方がはるかに上である。しかも、『寛政重修諸家譜』の酒井忠利・内藤清次の項を調べてみると、そのどちらにも元和二年、竹千代の傅になったことがでてくるし、酒井忠利のところには、元和二年五月二十九日という日付まではっきり出てくるのである。

となると、さきに私が指摘したように、酒井忠世・土井利勝は政務がいそがしく、実際のところは、青山忠俊・酒井忠利・内藤清次の三人が傅役となっていたとみるのが自然ではなかろうか。

なお、酒井忠利も幕閣の中枢にいたので、直接竹千代の教育にタッチしていたとは思えないし、内藤清次は傅役となった翌元和三年（一六一七）に歿してしまっているので、長期にわたり傅役としての役目を全うしたのは青山忠俊ただ一人だったということもまちがいないところである。だからこそ、青山忠俊が竹千代を諌める場面のエピソードが種々伝えられたのであろう。

あるいは、こうした事情が、乳母お福が傅役お福として転身する背景としてあったのかもしれない。この点については、私自身、史料的な裏づけをもっているわけでなく、あくまで勘でものをいっているだけであるが、ふつう、乳母は乳児に乳を飲ませる期間が主で、あとはほとんど顧みられない。しかし、お福は、実質的な傅役が青山忠俊ただ一人という特殊事情を利用し、自ら、乳母から傅役への転身をはかろうとしたのではなかったろうか。

少年時代の竹千代をとりまいていたのは、乳母のお福と傅役の青山忠俊だけではなかった。乳母を慈母と考え、傅役を厳父に考えれば、兄弟たちにたとえられる小姓《こしょう》の存在も忘れてはならない。

竹千代の小姓については、日光東照宮社務所が発行した『徳川家光公伝』がくわしいので、以下、同書に依拠しつつ述べておこう。

竹千代が生まれた慶長九年（一六〇四）七月十七日、まず永井右近大夫直勝の三男熊之助（のちの直貞、当時五歳）が召し出された。ついで、水野市正義忠の二男清吉郎（のちの光綱、当時六歳）、お福の長男千熊《せんくま》（のちの稲葉正勝、当時八歳）、岡部庄左衛門長綱の末子七之助（のちの永綱、当時九歳）が小姓として竹千代のそばに上がっている。

それから少したった七月二十五日、松平右衛門佐正綱の養子（実父は大河内金兵衛久綱）長四郎（のちの信綱、当時九歳）が召し出され、さらに、だいぶのちのことになるが、慶長十二年（一六〇七）五月一日に三浦五左衛門正重の長男甚太郎（のちの正次）、同十五年（一六一〇）十二月二十五日に阿部左馬助正吉の子小平次（のちの忠秋）がそれぞれ召し出されている。その後も何人かあるが、煩雑になるので省略しよう。

ここでは、お福と正成との間に生まれたお福にとっては長男にあたる千熊が、小姓になっているのに注目しておきたい。お福が乳母に上がるとき、このことが約束されていたのであろう。離縁してきたとはいえ、お福の乳母志願は、ある意味では稲葉家の再興と連動していたので、長男が小姓に上がったことは、そうしたお福の願いにかなうものであった。

これら小姓たちが成長するにつれ、家光の側近グループを形成していくことになる。よく、「小姓あがりの六人衆」などといわれるのがこれである。

六人衆というのは、松平信綱・阿部忠秋・堀田正盛・三浦正次・阿部重次・太田資宗《すけむね》の六人をさすが、これら小姓あがりの側近グループが、家光の将軍就任後、幕閣の中枢を牛耳《ぎゅうじ》ることになるのである。

ちなみに、ここに名のみえる堀田正盛というのは、お福の夫正成が他の女性に産ませた娘の子である。これなども、お福の息のかかった抜擢とみなければならない。

もっとも、小姓たちのすべてがこの六人衆のようにその後の家光政権を支えていったとみるのは早計である。

竹千代の機嫌をそこね、一刀のもとに斬り殺されてしまったかわいそうな小姓もいた。たとえば、坂部左五右衛門正重の子五左衛門という小姓は、あるとき、同じ小姓たちと風呂に入り、「密戯《みつぎ》」したところを家光にみられ、風呂から出たところを家光によって一刀のもとに斬り殺されてしまっている。

「密戯」という内容がよくわからないが、どうやら坂部五左衛門は家光の寵童《ちょうどう》だったらしく、他の小姓に心変わりしたと勘ちがいした家光が、「かわいさあまって憎さ百倍」のたとえで、斬り殺してしまったようである。少年時代、家光に男色《だんしょく》の傾向があったことについてはあとで触れることにしよう。

4　竹千代の母小督と父秀忠——乱世をたくましく生きた女とまじめ男

浅井の三姉妹

お福《ふく》はこうして江戸城に上り、竹千代の乳母《めのと》となり、やがては乳母から傅役《もりやく》に転身していくわけであるが、お福の活躍ぶりをみる前に、ここで竹千代の両親について触れておくことにしよう。その後の展開にそれぞれ意味をもってくるからである。

竹千代の母は、秀忠《ひでただ》の正室小督《こごう》である。私はここで〃こごう〃とルビを振ったが、〃おごう〃ではないのかと疑問に思われる方もあるにちがいない。たしかに、本によっては〃おごう〃としているケースも少なくないからである。しかし、小督は、やはり〃こごう〃と読むのが正しい。〃おごう〃というのは、彼女のもう一つの名であるお江《ごう》と混同しているのではなかろうか。お江と書かれているときは〃おごう〃でいいが、小督と書かれているときは〃こごう〃と読まなければいけないと私は考えている。

ところで、彼女にはもう一つ、お江与《えよ》の方というい方もあったようである。しかし、このことはよくわからない。本名を達子《たつこ》といったともいうが、それも同じである。

さて、小督は、近江《おうみ》の戦国大名浅井長政《あざいながまさ》と、織田信長《おだのぶなが》の妹お市の方との間に生まれた三人姉妹の末の娘である。小督の数奇《すうき》にみちた生涯を追うためには、まず、この浅井三姉妹から筆をおこさなければならないであろう。

そもそも、信長の妹お市の方が、近江小谷城《おだにじょう》（滋賀県長浜市湖北町伊部）の城主浅井長政に嫁いでいったこと自体、戦国の女性たちの置かれていた立場を雄弁に物語っている。信長は、北近江に勢力をもつ浅井長政を味方につけるために、その同盟の証《あかし》としてお市の方を送りこんでいるのである。

ところで、お市の方輿入《こしい》れがいつのことだったかということが問題になる。従来は、永禄四年（一五六一）に輿入れしたという『東浅井郡志』の説が通説として受けいれられてきたが、奥野高広氏は永禄十年（一五六七）九月十五日付の市橋伝左衛門尉宛の浅井長政文書（「堀部功太郎氏所蔵文書」）を検討した結果、お市の方の輿入れは永禄十年末か翌十一年早々ではないかとしたのである（「織田信長と浅井長政との握手」『日本歴史』二四八号）。

従来は、天正元年（一五七三）に浅井氏が滅亡したとき、長政の長男で万福丸《まんぷくまる》といった子どもも磔《はりつけ》になって殺され、その子の年齢が十歳だったということで、永禄四年輿入れ説が支持されてきたと思われるが、私は、この長政長男万福丸はお市の方の子ではないと考えている。つまり、一つの発想の転換で、長政とお市の方との間に生まれた子であれば、結婚は永禄四年ごろでなければならないが、長政の側室の子だったと考えれば、お市の方の輿入れは永禄十年末か翌十一年の早々でも矛盾はなくなるのである。

長政とお市の方との間のはじめての子は万福丸ではなく、長女の茶々であろう。茶々が生まれたころは、信長と長政とはまだ同盟関係にあった。ところが、元亀元年（一五七〇）四月、信長が朝倉義景《あさくらよしかげ》を攻めるために越前に足を一歩踏みこんだところで、朝倉義景と同盟関係にあった浅井長政が信長を裏切り、信長の退路を断ってしまったのである。このときから、長政と信長の戦いがはじまった。その年の六月二十八日に、史上有名な姉川《あねがわ》の戦いがあり、それ以後、浅井長政は小谷城に籠城して信長に徹底抗戦を続けるのである。

ふつうならば、そこでお市の方は離縁され、兄信長のもとに送り返されるところであるが、どうしたわけか、送り返されるということもなく、その後も二女の初《はつ》、そして三女の小督を産んでいるのである。末娘の小督が生まれたのは天正元年（一五七三）のことであり、この年八月二十七・二十八両日の織田軍による小谷城総攻撃によって、茶々・初・小督三姉妹の父長政は壮絶な自刃をとげているのである。ここに近江の名門浅井氏は滅亡してしまった。

お市の方のこの生き方はいったい何だったのだろうか。あるいは、「兄にとって敵になる男の子を生み続けるなんて……」とお市の方を非難する人がいるかもしれない。しかし、お市の方は、実家の織田よりも、婚家の浅井を自分の家として考えようとしたのかもしれない。まだ若いお市の方は、「どうせ離縁されて実家にもどっても、また兄信長によってどこかに嫁がされる」と考えたとしても不思議ではない。

小谷城落城の直前、長政は、お市の方と三人の娘たちを城外に送り出している。これは、お市の方が信長の妹であり、信長・長政の交渉の過程で、「女たちの命は助けよう」ということになったからである。さきにも少し触れたが、ここにも「腹は借りもの」的な考え方が顔をのぞかせている。

長政は、落城前にひそかに長男の万福丸も城外に出している。しかし、信長は小谷落城後、万福丸の探索を命じ、とうとう余呉《よご》（現在、滋賀県長浜市余呉町）に隠れているところをみつけられ、磔にかけられ殺されてしまっている。『信長公記《しんちょうこうき》』に、「浅井備前十歳の嫡男御座候を尋出し、関が原と云ふ所に張付に懸けさせられ、年来の御無念を散ぜられ訖」とあるので確実であろう。

信長にしてみれば、長政の男系は絶ってしまわなければならないと考えていた。あとで父の敵《かたき》としてねらわれるからである。ちなみに、長政の二男の方は寺に入れられていたため無事だったという。浅井の末裔《まつえい》を名乗る方が各地に分布しているが、たいていはこの二男から出ているようである。

さて、小谷城を出たお市の方と三人の娘は信長の保護をうけることになった。信長は弟の信包《のぶかね》にお市の方の保護と三人の娘の養育を命じている。したがって、小督は、天正元年九月から、信包の居城伊勢上野《うえの》城（三重県津市河芸《かわげ》町上野）で生活をすることになったのである。

信長にしてみれば、お市の方をすぐ別の武将のところに嫁がせたかったのかもしれないが、お市の方が首をタテにふらなかったらしく、結局そのままずるずると歳月がたってしまった。三姉妹が成長してから、彼女らを政略結婚の道具に使おうと方針転換をしたようである。

ところがここで思いがけないことがおこった。天正十年（一五八二）六月二日未明の本能寺《ほんのうじ》の変である。

お市と三姉妹の身柄は、伊勢上野城から尾張《おわり》の清洲《きよす》城（愛知県清洲市）に移された。そして、ことはそれだけではすまなかったのである。羽柴秀吉《はしばひでよし》と柴田勝家《しばたかついえ》の対立がおこり、その政治的取引の材料として、お市の方が柴田勝家に嫁がされることになったのである。そのプロモーターが信長の三男信《のぶ》孝《たか》だったという。

婚儀は信孝の居城岐阜城で行われ、お市の方は三人の娘をつれて越前北ノ庄城に移っていった。

しかし、そこも平和ではなかった。翌天正十一年（一五八三）、夫勝家が近江の賤《しず》ヶ《が》岳《たけ》の戦いで秀吉に敗れ、北ノ庄城も秀吉の大軍によって包囲されてしまったからである。このときも勝家はお市の方に城を出るように勧めたが、二度の落城に身も心も疲れ果てたのか、夫勝家に殉じて死ぬ道を選んでいる。しかし、「娘たちは前途ある身だから」というわけで、城外に送り出し、秀吉の保護を受けることになったのである。

小督はこの年十一歳であった。十一歳でもう二度の落城体験をもつわけで、数奇で、波瀾《はらん》に富んだ一生の幕あけといっていい。

何度も結婚させられる小督

柴田勝家を滅ぼし、浅井三姉妹を自らの手中にできたことで、秀吉は大満足であった。とにかく、周知のように、秀吉には実の娘は一人もおらず、ここで政略結婚に使える〝持ち駒〟が一気に三つも手に入ったのだから大よろこびしたことが考えられる。茶々・初・小督の三姉妹は、とりあえず近江の安土城に入っている。そのころ安土城には秀吉の保護をうける三法師《さんぼうし》（のちの秀信）がいたからである。

三姉妹のうちで、一番はじめに縁談がもちあがったのは末娘の小督だった。なぜ、二人の姉を飛びこしたのかはわからないが、長女の茶々は、もう、秀吉が自分の側室にしたいと考えていたらしく、下の二人を順次片づけていこうと思っていたのだろう。

小督に縁談をもちこんできたのは、信長の二男信雄《のぶかつ》だったようである。信雄は自分の陣営をしっかり固めようと、小督を家臣の佐治与九郎一成《かずなり》に嫁がせようとしたのである。このころ一成は尾張大野城（愛知県常滑《とこなめ》市金山）の城主で、石高は五万石といわれているので、秀吉も納得したのであろう。

しかも、一成の母は、小督の母お市の方の実の妹であるお犬の方であり、従兄妹《いとこ》の関係にあった。小督としても、全く見ず知らずのところに嫁ぐわけではなかったので、内心はほっとしていたのかもしれない。

小督の輿入れは天正十二年（一五八四）のはじめといわれているので、まだ十二歳になったばかりであった。幼な妻である。

ところが、この新婚生活は数ヵ月しか続かなかった。秀吉が二人の間をさいてしまったのである。ここらあたりから、豊臣家と徳川家のはざまに翻弄《ほんろう》される小督の姿がかいまみれるようになる。

なぜ二人の仲がさかれたかといえば、これは同年におこった小牧《こまき》・長久手《ながくて》の戦いに関係している。小牧・長久手の戦いのとき、浜松城にもどろうとした家康軍は、途中の大野川に渡船がなく難儀していたが、それを知った佐治一成が船を調達し、家康の手助けをしたのである。秀吉はそれを聞いて怒り、「茶々が病気なので見舞いにくるように」とだまして小督を誘い出し、そのまま自分の手もとにとどめてしまったのである。

妻をとりあげられた佐治一成は面目を失い、出家してしまったという。もっとも、出家したのはもう少しのちだとする説もあり、さらには、痛憤《つうふん》のあまり自刃してしまったとする説もあり、このあたりたしかなことはわからない。

秀吉の手もとにとりもどされた小督の次の結婚相手は、秀吉の養子秀勝であった。もっとも、秀勝を名乗る人物は秀吉のまわりに三人もおり、かなり混乱もみられる。

一人は石松丸《いしまつまる》秀勝で、これは秀吉が長浜城主時代に側室南殿との間にもうけた実子と考えられるが、夭折《ようせつ》してしまっているので、ここでは問題とならない。

二人目の秀勝は於次丸《おつぎまる》秀勝で、これは信長の四男を秀吉が養子にしたものである。天正十三年（一五八五）十二月十日に十八歳の若さでなくなっている。

『柳営婦女伝系《りゅうえいふじょでんけい》』によると、小督が嫁いだ二度目の夫はこの秀勝だとしている。たしかに、秀吉が天正十二年に小督をとりもどしているので、すぐ嫁がせれば可能であるが、ここは『柳営婦女伝系』のまちがいだとみたい。というのは、於次丸秀勝は、小牧・長久手の戦いの直後、毛利輝元《もうりてるもと》の養女と結婚しているからである（小和田哲男「織田家の人々」『歴史と旅』臨時増刊織田信長総覧）。これは、秀吉と毛利との和睦《わぼく》の婚姻なので、この秀勝が小督をも妻としていたことはとうてい考えられない。

とすると、小督が嫁いだのはもう一人の秀勝であったことが確実である。この三人目の秀勝は、秀吉の姉の智《とも》の子を養子としたものである。秀次の弟である。幼名を小吉《こきち》といったので、ふつうには小吉秀勝とよばれている。

小督の二度目の結婚は文禄元年（一五九二）二月のことであった。この年月に注目していただきたい。というのは、この年の三月はじめから、秀吉の命をうけた大名たちが、朝鮮に渡海しはじめているからである。これが文禄の役であるが、小督と結婚したばかりの秀勝も朝鮮半島へ渡っているのである。そしてそのまま小督のもとには帰ってこなかった。彼の地で戦死してしまったのである。

小督と秀勝の結婚生活は、これでみるとわずか一ヵ月ほどだったようである。しかし、そのわずかの期間であったが、小督は妊娠し、女子を産んでいる。小督にとってははじめての子どもである。

『幕府祚胤伝』に、

丹波少将秀勝朝臣生㆓一女㆒、此一女、嫁㆓九条関白幸家㆒生㆓関白道房公㆒、

とみえる「一女」というのがこれである。もっとも、ここに「丹波少将」というのはさきに指摘した於次丸秀勝のことなので明らかにまちがいであり、ここは小吉秀勝なので「岐阜宰相」としなければならない。

さて、小督の夫として、ここまでは確実であるが、次がやや問題なのである。すぐつぎに秀忠がくるのか、秀忠の前にもう一人別の男と結婚しているのかがはっきりしない。つまり、秀忠は、小督にとって三番目の夫なのか、四番目の夫なのかということになる。

『柳営婦女伝系』は、

秀勝、文禄元年壬辰、高麗《こうらい》の役の時、彼土に於て病死せらる。孀婦《そうふ》と成給ふを、秀吉又養女として九条左府藤原道房公に嫁せられ、九条の政所《まんどころ》と称せられ、御息女二人を産し給ふを、後に台徳院(秀忠)公御養女として、二人ともに本願寺東西両御門跡に嫁せしめ……

と記し、秀勝の死後、また秀吉のもとで養われ、今度は、九条道房に嫁いだというのである。

しかし、この九条道房という名前は、さきに『幕府祚胤伝』を引用したところでも出てきた名前で、

そこでは、小督と秀勝との間に生まれた娘が九条幸家に嫁ぎ、そこで生まれたのが九条道房としている。つまり、『柳営婦女伝系』はかなり混乱していることが明らかであり、あまり信用できない。

高柳金芳氏は、小督が三度目に嫁いだ夫の名を九条道房ではなく九条道秀としているが（『江戸城大奥の生活』）、少し無理があるように考えられる。小督は、三度目の結婚で秀忠をつかんだのではなかろうか。

三度目の結婚などというと、今では好奇な目でみられがちである。現在の日本の結婚の特徴の一つとして再婚率の低さが指摘されているが（望月嵩《たかし》「現代日本の結婚の形態」『新・家族関係学』）、戦国時代は決してそうではなかった。

たとえば、当時、ヨーロッパから日本にきていた宣教師のルイス・フロイスは、ヨーロッパの風習と日本の風習のちがいをことこまかに調べあげ、『日欧文化比較』という一冊の本にまとめているが、そこでは、日本人の結婚観を次のようにまとめている。

ヨーロッパでは、罪悪については別としても、妻を離別することは最大の不名誉である。日本では意のままにいつでも離別する。妻はそのことによって、名誉も失わないし、また結婚もできる。

離婚ということ、また、再婚ということに、今の人とはちがった感覚があったようである。事実、三河松平氏百二十五家の結婚・離婚を研究された脇田修氏によると、離婚率はかなり高かったことが明らかである（「幕藩体制と女性」『日本女性史』第三巻近世）。戦死が多いという時代状況を反映したものといえよう。当時は再婚などあたりまえだったのである。その点で、「於江与が徳川秀忠の妻であったということが、少女時代の早い結婚の相手まで、たずねたずねてせんさくされ、歴史にのこる結果になったともいえよう。あるいは二人の姉たちも、そういう相手があったかもしれないのである」（水江漣子『近世史のなかの女たち』）という指摘は興味深い。

秀忠が世子と決められたいきさつ

小督の初婚・再婚の経過を追ううちに、思いのほかページ数を使ってしまったが、秀吉・家康の両勢力の間にあって、男たちに翻弄《ほんろう》されながらも、したたかに、たくましく生きぬいた小督の姿をある程度浮き彫りにすることができたのではないかと考えている。

そこでつぎに、小督の三番目の夫であり、竹千代・国松兄弟の父となる秀忠についてその成長過程から、小督との結婚までを追うことにしよう。

秀忠が生まれたのは天正七年（一五七九）四月七日のことである。家康の三男であり、母は家康の側室お愛の方、すなわち、西郷局《さいごうのつぼね》である。

あたりまえであれば、三男の、しかも側室腹の庶子に家督《かとく》がまわってくることなどありえないところであるが、いくつかの要素がからまりあって、秀忠がとうとう徳川の家督をつぎ、二代将軍となっているのである。

いくつかの要素と表現したが、その一つは、秀忠が生まれた年、すなわち天正七年九月十五日におこっている。この日は、家康の長男であり、正室築山殿《つきやまどの》の産んだ信康が切腹に追いこまれた日である。順当にいけば、正室腹である信康が徳川の家督をつぐはずだったが、信長に嫌疑をかけられ、遠江《とおとうみ》の二俣城《ふたまた》で切腹して果ててしまったのである。有名な「築山殿事件」である。

この事件の背景は実に複雑で、簡単には論じきれないので、ここでは思いきって省略してしまおう。とにかく、信康の死によって、秀忠は、三男に生まれながら、二番目となった。

いくつかの要素のもう一つは、すぐ上の兄、すなわち家康の二男秀康《ひでやす》についてである。天正十二年（一五八四）、小牧・長久手の戦いで、直接、秀吉と家康が戦ったが、このときの講和交渉のなかで、家康から秀吉に養子をさし出すことが決められた。形は養子ということになっているが、秀吉と家康のこの時点での力関係を考えれば、養子とは名ばかりで、実質は人質《ひとじち》といってよかった。

このとき、家康は、何を思ったか、秀康を秀吉のもとに送りこんでいるのである。信康を切腹させてしまったこの段階では、秀康が実質上の長男の立場にあったが、家康はこの秀康を秀吉にさし出している。

天正十一年（一五八三）に生まれたばかりの五男信吉は幼すぎて無理だったかもしれないが、天正七年生まれの秀忠、同八年生まれの四男忠吉など、他に候補がいたにもかかわらず、長男格の秀康をさし出しているのはどうしてなのだろうか。

家康は、子どもに対する好き嫌いがかなりはっきりしており、秀康を嫌っていた。よく、生まれたばかりの顔が醜《みにく》く、「ギギ」というオコゼに似た魚そっくりだということで幼名於義丸《おぎまる》とつけられたともいうが、家康が秀康を嫌っていたのは容貌だけだったのではないのではなかろうか。これもはっきりした史料的な裏づけがあることではないが、家康は、秀康の出生を疑っていたらしい。

秀康の母はお万の方といって、築山殿の侍女《じじょ》だった女性である。手をつけた覚えがあるので認知したのだろうが、生まれてきた子が本当に自分の子なのか、最後まで確信がもてなかったのではなかろうか。当時の家康の居城浜松城には、のちに男子禁制をしっかり守らせた大奥のような空間がまだできてはいなかったのである。家康が秀康に冷たくあたった原因はそんなところかもしれない。

つまり、長男信康が死に、二男秀康が養子に出されてしまったことにより、三男ながら、いつしか秀忠が家康の後継者と目されるようになったのである。

しかし、家康は、なかなか、「あとつぎは秀忠である」といい出さなかった。家康が、文禄・慶長の役のとき、秀吉に従って肥前名護屋《ひぜんなごや》城に滞陣し、江戸城の留守を秀忠が守り、世間は皆、「あとつぎは秀忠」と考えているような状況にあっても、まだいい出さなかったのである。武将としての秀忠の力量に不安というか、懸念があったからではなかろうか。

事実、慶長五年（一六〇〇）の関ヶ原の戦いのときには、一隊を率いて中山道《なかせんどう》を西上することになるが、途中の上田城攻めに手まどってしまい、肝心《かんじん》の九月十五日の関ヶ原の戦い当日にはまにあわないという失態を演じている。合戦後、怒った家康が秀忠の面会を許さなかったというのは事実であろう。

この点で一つ注目されるのは、『徳川実紀』の慶長五年秋のところに出てくる記事である。長文にわたるので、内容をかいつまんでおこう。

家康は重臣の井伊直政《いいなおまさ》・本多忠勝・本多正信・大久保忠隣《おおくぼただちか》らを集め、誰を世子《せいし》にしたらよいか、意見をいわせているのである。

本多正信は秀康を推している。関ヶ原の戦いのときも、上杉勢を会津《あいづ》に釘づけにする役目をみごとに果たしていた。井伊直政は四男の忠吉を推している。忠吉隊の攻撃が、関ヶ原の戦いの口火をきっているのである。関ヶ原の戦いで、実際に関ヶ原で奮戦したのはこの忠吉であった。

そして、秀忠の傅役であった大久保忠隣はいうまでもなく秀忠を推した。それぞれの言い分があったのである。

この日、家臣たちに意見をいわせただけで、家康自身は口をはさまなかった。そして、数日たって、「家督は秀忠にする」と発表したという。

以上が、『徳川実紀』の伝える秀忠への世子決定のいきさつである。家康ならこのくらいのことはやりそうだなどと思える反面、これでは、子どもをめぐって派閥が生じかねないという思いもあり、このまま史実としてうけとめることは危険なような気もする。

しかし、いずれにせよ、関ヶ原の戦いで失態を演じた秀忠に、そのまま家督をつがせるには多少の躊躇《ちゅうちょ》があったように思われる。たしかに武勇の点では、秀康や忠吉の方がすぐれていた。しかし、家康は、「この先、武勇一点ばりでは国を治めることはできない」と考えていたことも事実であり、そのような観点からみれば、秀忠が一番すぐれていたこともたしかなことであった。

秀忠の長男長丸は側室の生まれ

文禄四年（一五九五）九月十七日、秀忠と小督は伏見《ふしみ》城で結婚した。この結婚の仕懸人《しかけにん》はいうまでもなく秀吉である。秀吉は家康を臣従させるため、実の妹朝日姫《あさひひめ》を、無理に離婚させて家康に嫁がせた。ところが、強引に離婚させられたときのショックが尾を引いたものと思われるが、天正十八年（一五九〇）に死んでしまったのである。

秀吉としては、何とか家康とつながりをつけておかなければと考えていたところであり、秀忠が適齢になるのを待って小督を嫁がせたのである。このとき秀忠は十七歳、小督は二十三歳であった。秀忠にしてみれば初婚であるが、小督はすでにみたように三度目の結婚である。

「二代将軍の秀忠が、何でこのような出もどりのお古と結婚しなければならないのか」と疑問に思う人もあるにちがいない。何をかくそう、この私自身、そのように考えたこともあった。「同い年ならともかく、六つも年上の女性なんて……」と秀忠の立場に同情もしたものである。

しかし、よく考えてみると、秀忠が二代将軍になったのは、はるかのち、慶長十年（一六〇五）のことである。さきにみたように、家康が「秀忠に家督を譲る」と公言したのも慶長五年（一六〇〇）のことである。小督と結婚した文禄四年の時点では、秀忠は、単に家康の三男でしかなかったのである。そのときの家康と秀吉との力関係からいえば、秀吉の方から押しつけられた結婚話に「いや」とはいえなかった。

ところで、秀忠にとって小督との結婚はたしかに初婚であるが、実は、小督と結婚する前に、婚約した女性がいた。織田信雄の娘で名をお小姫《こひめ》といった。天正十八年（一五九〇）正月二十一日に、京都の聚楽第《じゅらくてい》で、秀吉の媒酌《ばいしゃく》によって式がとり行われている。このとき、秀忠は十三歳、お小姫は五歳である。秀吉としては、七、八年後に正式に結婚させようと考えていたのであろう。

ところが、この婚約は、それから数ヵ月後に破棄《はき》されてしまう。お小姫の父織田信雄が秀吉にさからい、所領を没収されてしまったからである。

天正十八年という年は、秀吉による小田原征伐のあった年で、後北条《ごほうじょう》氏を滅ぼしたあと、その遺領の関東に、それまで、駿河《するが》・遠江・三河《みかわ》・甲斐《かい》・信濃《しなの》の五ヵ国を領していた家康を転封《てんぽう》し、あいたその五ヵ国に、尾張と伊勢五郡を領していた信雄を転封しようとしたのである。

信雄が秀吉の命令通り、駿・遠・三・甲・信の五ヵ国に移っていれば、秀忠は晴れて婚約者のお小姫と結婚できていたであろう。ところが、信雄は転封命令を拒んだのである。あるいは信雄は、拒んだなどという大げさなものではなく、「このままで結構です」といった程度のいい方だったのかもしれない。尾張は織田氏にとっては墳墓の地といってよく、特に清洲城は父信長以来の城として愛着があり、領土がふえることよりも、そのまま尾張に執着したのかもしれない。

天下統一を目前にした秀吉にとって、自分の命令に抵抗するものは、たとえ信長の遺児だとしても許せなかった。所領を没収し、下野《しもつけ》に追放してしまったのである。その後、お小姫がどうなったのかわからない。

話が少し横道にそれてしまったので、もとにもどそう。

文禄四年に結婚した小督は、慶長二年（一五九七）に長女を産んでいる。これが千姫《せんひめ》である。のちに、豊臣秀頼に嫁がされたことで広く知られている。

同四年（一五九九）に二女を産んでいる。子々姫《ねねひめ》といって、のち、前田利常《としつね》に嫁いでいる。翌五年に三女が生まれている。名を勝姫《かつひめ》といって、のち松平忠直《まつだいらただなお》に嫁いでいる。

さて、翌六年（一六〇一）に長男の長丸《ちょうまる》というのが生まれているが、本によっては、これを秀忠と小督との間に生まれた長男だとしている。私のみたかぎりでは、秀忠と小督の間に生まれた長男としている方が多い。長丸は果たして小督の産んだ子なのだろうか。

私が抱いた一つの疑問は、慶長六年生まれの長男の幼名が長丸で、慶長九年（一六〇四）生まれの二男の幼名がなぜ竹千代なのかということである。幼名というのは、生まれてすぐつけられる名前なので、長丸が誕生の翌慶長七年に早世してしまったことなどは理由にならない。

徳川氏（松平氏時代も含めて）にとって、竹千代というのは由緒ある名前である。家康も幼名は竹千代だったし、家康の長男信康も竹千代であった。竹千代とは、嫡男にしかつけられない幼名であり、将来の家督継承者を意味する名前だったといっていい。この論法でいけば、もし長丸が、嫡妻《ちやくさい》である小督の産んだ長男であれば、文句なく竹千代の名を名乗らせたであろう。そうではなく、わざわざ秀忠の幼名である長丸という名前をつけたのは、将来、嫡妻小督から男の子が生まれるであろうことを計算し、わざととっておいたとしか考えられないのである。

そのような目で、あらためて徳川氏関係の史料を調べてみると、長丸が側室の生まれであったことを物語る史料が存在した。『徳川幕府家譜』である。その長丸のところの註記に、「慶長六辛丑年、於₂江戸城₁御誕生、御母公ハ家女、同七壬寅年九月廿五日、御逝去、御年二歳」と記されているのに気がつく。そして家光のところの註記には、「慶長九甲辰年七月十七日、於₂江戸西丸城₁御誕生、御童名竹千代君、御台様御腹」とみえる。

つまり、長丸の母は「家女」であり、竹千代の母は「御台様」すなわち小督であり、あざやかな対比をなしている。ただ、残念ながら、「家女」とあるだけなので、彼女がどういう女性で、何という名前だったのかはわからない。

小督に頭が上がらなかった秀忠

秀忠が十七歳のとき、六歳も年上の小督と結婚したということで、当然、夫婦生活は小督がリードする形になったであろう。小督は二度目の結婚相手である羽柴秀勝との間に女の子を一人産んでおり、一説には、初婚の佐治一成との間にも子が一人あったともいわれ、経験豊富であった。

それ以上に、嫁いできたときの力関係というものがその後の結婚生活に何らかの影響を与えたであろうことが想像される。というのは、小督は、信長によって滅ぼされた浅井長政の遺児ではあるが、文禄四年(一五九五)に秀忠と結婚したときには、秀吉の養女として嫁いできているのである。そのころの秀吉と家康の関係は、同盟関係ではなく、すでに明確な形で主従関係となっていた。

それだけではない。小督の姉茶々は、その秀吉の側室となり、さきに秀吉の子鶴松を産み、さらに秀頼を産み、淀城《よど》にあって、淀殿とよばれ、全盛をほしいままにしていたのである。

どれ一つとっても、秀忠に有利な条件はなく、小督には頭を押さえつけられていた。そのことが、あとでくわしく述べる二男竹千代と三男国松との確執に大きく影響したのである。このようなことから、「秀忠は謹厳実直《きんげんじっちょく》な人である」といった評価も生まれたのであろう。しかし、秀忠は本当に謹厳実直だったのだろうか。

通説では、秀忠は正室小督の方以外には、たった一人の側室を愛しただけだといわれている。たしかに、父の家康が十五人の側室をもち、また、のちには「将軍家は三十人まで側室をもってよろしい」というきまりがあったことからすれば、謹厳実直との評価はあたっているといえるかもしれない。ちなみに、一人の側室というのはお静《しず》の方で、生まれた子どもが、のちに会津若松城二十三万石の大名となる保科正之《ほしなまさゆき》である。この場合も、秀忠は正之の出生が小督にばれるのを恐れ、「ひそかに養育せよ」と命じ、信州高遠《たかとお》の保科正光の養子にされてしまっている。

この一事だけをみれば、秀忠は相当な恐妻家だったということになるが、さきにみたように、さらに別な「家女」に長男の長丸を産ませており、頭を押さえつけられていただけに、そのはけ口を求め、鬱憤《うっぷん》ばらしをやっていたことは十分考えられる。

秀忠の女性関係を暴露することが目的ではないので、そろそろやめにするが、もう一つだけ、『視《み》聴草《ききぐさ》』という史料に、興味深い話があるので紹介しておこう。

小督に仕えていた侍女の一人に大橋局《おおはしのつぼね》というのがいた。秀忠はその大橋局に手を出したのである。その仲が小督にばれてしまったためか、あるいはばれる前のことかわからないが、彼女は金座の後藤庄三郎の妻として下げ渡されている。いわゆる「拝領妻」である。しかも『視聴草』は、これを権現様の上意だったとしている。なぜ家康の命令があったのかは理解しかねるが、このようなことはあったものかもしれない。

なぜ私が秀忠の女性関係にこだわるかといえば、従来から、秀忠は小督に頭があがらず、謹厳実直な男だったといわれてきたことに少なからず疑問を感じていたからである。

小督に頭が上がらなかったことは事実として認めても、謹厳実直とはいえなかったのではなかろうか。このように考えたとき、家光の乳母お福と小督との対立の構図が浮きあがってくる。

三田村鳶魚氏は、『落穂集事跡合考』に、「若君《（家光）》の御実母御台所《（小督）》無類の嫉妬にて、春日局の年頃といひ、容儀あるを、台徳公《（秀忠）》の御手附かんかとの御疑ひより、諸事、若君へうとくあられ候」とあるのに注目し、秀忠とお福が同い年であり、関係があったのではないかと嫉妬の目でみ、そのため、お福が養育する竹千代をうとんじはじめたという理解をしている（『三田村鳶魚全集』第一巻）。卓見と思われる。

もし、秀忠が小督に頭があがらないだけではなく、謹厳実直であれば、このような解釈は成り立たない。しかし、さきにみたように、秀忠は決して謹厳実直な男ではなかった。小督の嫉妬心というものが、お福―竹千代ラインと対立しはじめる大きな要因だったとみることは可能であろう。

しかし、小督の嫉妬心といわれるものを今の私たちは非難できないように思われる。最初の夫とは強引に別れさせられ、二度目の夫を戦地で失い、小督を一人の女性としてみたとき、その不幸さ加減に同情の念をいだくのは決して私だけではあるまい。

そうした不幸の果てにつかんだ〝三度目の正直〟の結婚である。いかに相手が将軍とはいえ、その愛を一人じめにしようとするのは当然の行為だったのではなかろうか。むしろ、一夫一婦制という本来の結婚形態からすれば小督の嫉妬心といわれるものの方が正常な感覚だったという点を忘れてはならないように思う。

5　竹千代・国松の確執とお福――家康への直訴が功を奏す

弟国松の誕生

家光《いえみつ》は徳川氏（松平氏）にとって特別の意味がある竹千代という幼名をもらい、しかも、母が秀忠《ひでただ》の正室小督《こごう》であるということから、生まれながらにして嫡男《ちやくなん》の扱いをうけて成長した。これは、さきにみたように、傅役《もりやく》につけられた部将たちの顔ぶれからも容易にうかがわれる。両親秀忠・小督をはじめ、乳母お福《ふく》の愛情をたっぷりうけ、すくすく大きくなっていったのである。

このままに推移すれば、何の波乱もおきなかったのだが、二年後の慶長十一年（一六〇六）、弟がうまれ、その弟が成長するにつれ、雲行きがあやしくなってきた。その弟というのが国松《くにまつ》、のちの徳《とく》川忠長《がわただなが》である。

今、私は幼名を国松と書いたが、この名前そのものにも諸説あり、『幕府祚胤伝』などでは国千代とし、『武徳編年集成』などでは国丸としたりしている。しかし、史料としての性格などを勘案すると、国松というのが正しいのではないかと考えている。一時、国千代とか国丸とよばれた時期があったのかもしれないが、本書では、忠長の幼名は国松ということで筆を進めていきたい。

国松のことを調べていく過程で、私は意外なことにぶつかった。なんと、生年月日がはっきりしていないのである。三代将軍家光の実の弟忠長の生年月日がはっきりしていないというのは、いったいどういうことなのだろうか。ちょっと考えられないことである。

誕生日を記した史料を列挙してみよう。年はいずれも慶長十一年で、したがって、竹千代の二歳年下であることは動かない。

三月七日説……………『柳営《りゅうえい》譜略』

五月七日説……………『御九族記』

六月一日説……………『徳川実紀』

十二月三日説…………『歴世表』

これら諸説のうちでは、六月一日説が一番蓋然性《がいぜんせい》が高いといわれている。それは、『徳川実紀』が徳川幕府の正史として編纂されたものであり、『徳川実紀』編纂の過程で、六月一日誕生とする記録が多いことから採録されたものであるという事情による。しかし、これだけの諸説が生まれていることは理解に苦しむことといわなければならない。

国松誕生後、竹千代のときと同じように、国松にも傅役がつけられた。その顔ぶれをみると、加藤新太郎・内藤仁兵衛政吉・天野伝右衛門清宗・大河内金七郎・小塚右衛門・永井主膳《しゆぜん》・秋田三平季《とき》長《なが》・橋本吉平・伊奈備前守忠政の子牛之助忠雪らであった。さきの竹千代のところでみた竹千代の傅役が錚々《そうそう》たるメンバーだったのとくらべると、明らかに見劣りがする。家康・秀忠のこの時点での意向は、「国松はあくまで家督相続予備軍」という考えであったことがうかがわれる。

ところが、国松が成長するにつれ、国松の聡明《そうめい》さがしだいに目立ちはじめてきたのである。竹千代がおっとりしていたのに対し、国松は目から鼻にぬけるようだったといわれ、また、竹千代の方が何ごとにも消極的だったのにくらべ、国松は積極的な性格だったという。『春日局由緒』には、「家光公幼にして温藉寛雅《おんしやかんが》也。忠長卿人となり聡利也。母公甚だ忠長君を愛し給ふ」とある。また、竹千代は虚弱体質だったとの伝えもある。これが「七色飯《なないろめし》」のエピソードとして伝えられている。

今でも、子どもたちは赤飯《せきはん》とかの色のついた御飯が好きである。まぜ御飯にしてもそうであるが、特別な御馳走《ごちそう》という意識とともに、豊かな色彩が食欲をそそる。

少年時代の竹千代は食が細かったといわれている。何とか食べさせて大きくしたいと考えていた乳母のお福は、色彩によって竹千代の食欲を増進させようと考えた。これが「七色飯」の発端である。

お福は膳部に命じ、竹千代に出す毎回の食事の御飯に七色の色つき御飯を用意させ、好みの色御飯を食べさせたのである。竹千代が一つの色にしか箸《はし》をつけなければ、あとは無駄となってしまうので、「ずいぶん不経済なことだな」と思うが、なんとこの「七色飯」がその後もずっと将軍家の習慣として幕末まで続いたというのだから驚く。

とにかく、お福は必死だったのだろう。大食いの人間を見れば、食の細い竹千代もそれにつられてたくさん食べるかもしれないということで、雉子《きじ》の丸焼きを一度に食べてしまう大食いの男をつれてきて、竹千代の前で、〝実演〟させてみたというのだから、こうなると笑い話である。

『徳川実紀』の竹千代関係の記事を拾い読みしていくと、「不例《ふれい》」とか「所労」とかの言葉が頻繁《ひんぱん》に出てくるので、竹千代は虚弱体質だったことが明らかである。おそらく、そうした体質的なものが原因だったのであろうが、小心で、ひっこみ思案という子どもに育ってしまったのである。

小心で、ひっこみ思案であっても、くらべる者がいない間は問題とならなかったが、二つ年下の国松が、竹千代とは対照的に元気であり、活発であり、そして聡明だったというわけで、もろに比較されてしまったのである。ここに、竹千代・国松確執の要因があった。

ところで、こののち、江戸時代を通じて一般的となる長子単独相続が相続のあたり前の方式であると考えると、この竹千代と国松の確執というものが理解しにくいかもしれない。現在では、惣領《そうりょう》というとイコール長男のことと考えるが、少なくとも、この時代まではそうではなかったのである。ここで少し説明を加えておくことにしよう。

戦国時代は、それこそ文字通り、国内が戦乱の渦のなかにたたきこまれていた時代であり、弱い者は滅び、強い者だけが生き残る弱肉強食の力の時代であった。戦国大名を例にとってみると、何人かの子どもがいた場合、中には戦いが苦手な子も出てくるだろうし、病弱な子が生まれてくることもある。仮に、相続の方式が、「絶対に長男が相続する」という形であれば、戦いが不得手なあとつぎ、病弱なあとつぎが相続するということになり、他国の戦国大名によって滅ぼされることは必定である。

越後の守護代から戦国大名へと転化をとげた長尾為景《ながおためかげ》の場合、長男を晴景《はるかげ》といい、二男を景虎《かげとら》といった。これがあの上杉謙信《うえすぎけんしん》である。家督はいちおう晴景がついだが、彼は病弱であった。そこで、家臣たちが相談の上、「病弱の晴景様のもとでは戦えない。弟の景虎様を家督にたててほしい」という要求があり、結局、景虎が家督をついでいるのである。

戦国の御家騒動《おいえそうどう》は、こうした兄弟相克《そうこく》の果てに、兄、あるいは弟が実力で家督を握るというケースがあり、親もそれをみこして、兄弟たちの中で一番力がありそうな子に家督を譲《ゆず》るというのが一般的だったのである。

したがって、この竹千代と国松の場合も、戦国的な風潮からいえば、竹千代の器量と、国松の器量を公平に判断し、その上で家督をどちらに譲るかが決められるのが本当のところだったのである。しかし、問題なのは、時代が戦国の世ではなくなっていたという点である。このことについては、あとでもう少しくわしくみることにしよう。

家臣たちの間にも竹千代廃嫡の噂

兄の竹千代よりも弟の国松の方が健康であり聡明であるというだけであれば、あまり大きな問題には発展しなかったかもしれない。しかし、この場合、二人の母である小督が、竹千代を嫌い、弟の国松の方をかわいがったことにより、事態はさらに複雑となった。つまり、小督による国松偏愛《へんあい》が、ある意味では、国松、すなわち忠長の悲劇のはじまりでもあったのである。

家臣たちは、小督が国松の方をかわいがっているということを敏感に感じとっていた。このことは、当然のことながら、「家督は国松様がおつぎになるかもしれない」という噂《うわさ》となり広まっていった。たとえば、『落穂集』には、

家光公の御幼少の御名をば竹千代君と申奉り、駿河大納言忠長卿の御童名をば国松君と申候。御兄弟御同腹とは申ながら、御次男国松君の御事は、ことの外なる御台《みだい》様御愛子にて御座候を以、若御次男ながら御嫡子にも御立可レ被レ成やと、下々にては取沙汰仕り、上つ方の衆中もお国様を取わけ尊敬仕る如く有レ之候と也。御部屋の義も御本丸の内に向い合ひて有レ之、御近習衆の義は誰によらず御夜詰迄には両若君様へ御伽に伺公被レ致候筈には有レ之候えども、其中お国様の御部屋へ被レ参候衆中斗の様に有レ之候えば、御台様よりの被二仰付一候にて、毎晩種々の御夜食事など

参候に付、それを潤決《じゅんけつ》に被レ下候に付ての義也。竹千代様の御方へは左様の被レ遣ものも、たまさかの様に有レ之、何れも御徒然《つれづれ》がちにて御暮し被レ遊候と也。

と記されており、ここではっきりと、国松が御台様、すなわち、秀忠正室小督の「御愛子」と書かれている。

しかも注目されるのは、「二男（実は三男）ながら、嫡子に立てられるであろう」と取沙汰されていたという点である。無責任な噂といってしまえばそれまでであるが、同じ江戸城にいて、しかも、部屋が向い合わせになっている状態では、竹千代にとって精神衛生上いいわけがない。

しかも、この『落穂集』では、もう一つ興味深いことを伝えている。近習衆《きんじゅうしゅう》が、夜詰《よづめ》、すなわち夜勤のとき、国松の部屋に夜伽《よとぎ》に訪れ、その際に食事を持参していったというのである。反対に、竹千代の方にはそういうことがなかったとも伝えている。これは、家臣たちが、「国松様こそ三代目」という意識をもちはじめたことを物語っている。乳母として、竹千代をここまで育ててきたお福が焦りはじめたのはこのころからであろう。

なお、家臣たちがしだいに国松の方になびきはじめた様子は、『武野燭談《ぶやしょくだん》』巻之十四にもみえている。すなわち、

往昔、竹千代殿方、国千代殿方と、御部屋相分れ、御連枝檐《ごれんしえん》を並べて住まわせ給ふに、国千代殿、御台所の御愛子に渡らせ給ふに、御発明又類なく見えさせ給ふ故に、諸人多くは国千代殿を尊崇《そんすう》

して、此御部屋奉る物も数々にして、竹千代君の御方は、何となく徒然にのみ渡らせ給ふ。仍て
国千代殿奢《おご》らせ給ふ事云ふばかりなし。

とみえるのがこれである。ここで国千代とあるのは国松のことで、しだいに竹千代派・国松派の派閥抗争に転じていった様子がうかがわれる。

こうした状況をまのあたりにして、ついにお福は家康への直訴《じきそ》を試みるわけであるが、そのいきさつについて述べる前に、なぜお福は家康へ訴えることを決心したのか、当時の家康と秀忠との力関係がどうなっていたのかに目をむけておきたいと思う。

竹千代が生まれた翌年、すなわち慶長十年（一六〇五）二月二十四日、秀忠は十万の大軍を率いて江戸城を出発し、上洛した。京都伏見《ふしみ》に到着したのは三月二十一日のことである。

四月七日、家康が征夷大将軍《せいいたいしようぐん》の職を秀忠に譲ることを朝廷に奏請《そうせい》し、その許可は四月十六日におりた。ここに、二代将軍秀忠が誕生したのである。

この年、家康は六十四歳、秀忠は二十七歳である。たしかに、高齢になったので、隠居《いんきよ》をして若い秀忠にバトンタッチしようとしたとうけとめられないこともない。「人間五十年……」などといわれた時代なので、家康としても第一線を退きたいと考えたとしても不思議ではない。

しかし、このときの将軍交代劇は、そんなに単純なものではなかった。むしろ、大坂方、つまり、豊臣方に対する一種のデモンストレーションとしての性格の方が強かったと考えられるのである。

というのは、慶長十年といえば、関ヶ原の戦いから五年後である。慶長八年に家康が征夷大将軍になったが、大坂方では、「それは秀頼が成人するまでの臨時のもの」と考えていた。「秀頼殿が政務をとれる年齢になれば、政権は豊臣家にもどされる」と思っていた。楽観していたのである。

つまり、この慶長十年の家康から秀忠への将軍交代劇は、「将軍は徳川家が世襲するものである」と、大坂方へ最後通牒《つうちょう》をつきつけたものとなるのである。「家康は天下の家老《かろう》である」と思いこんでいた豊臣方がおどろいたのも無理はない。しかし、事態は、徳川方優位の態勢で推移していくことになった。

将軍職を退いた家康は大御所《おおごしょ》となった。大御所というと家康のことしかいわないと思っている人も多いようであるが、将軍職を退いた人のことを皆大御所といっている。二代将軍の秀忠だって、家光に将軍職を譲ったあとは大御所とよばれているのである。

ところで、問題なのは、将軍と大御所と、どちらが力をもっていたかである。実は、このことと、お福が家康へ直訴をしたこととが関係してくるのである。

慶長十年から、家康が死ぬ元和《げんな》二年（一六一六）まで、将軍秀忠と、大御所家康という、二つのトップが並び立つ形となったのである。現在の企業で、社長を退いた者が会長の椅子に座るのと似ている。

家康は慶長十二年（一六〇七）に駿府《すんぷ》に新しく城を築いてそこに移り、いわゆる「大御所時代」を現出するわけであるが、秀忠のいる江戸城の江戸政権に対し、これを駿府政権の名で呼んでいる。そのため、慶長十二年から家康がなくなるまでの十年間の政治形態を二元政治とよんだりしているのである。

では、将軍秀忠の江戸政権と、大御所家康の駿府政権は、どちらがリードする形だったのだろうか。結論的にいえば、私は駿府政権がリードする形であったと考えている。だからこそ、あとでふれるように、お福の家康への直訴が成功したのではなかろうか。

将軍秀忠より大御所家康の方が実権を握っていたと考える要素はいくつかある。一つは、江戸政権と駿府政権が並立《へいりつ》していた時代、江戸政権独自の施策がほとんどみられないという点である。たとえば、弟忠輝《ただてる》の改易《かいえき》や、弟頼宣《よりのぶ》の紀州《きしゅう》転封などは、家康の死後にはじめて手をつけていることがらである。

二つ目としては、当時、ヨーロッパから日本にきていた外国人たちが、その遺した記録の中で、家康のことを皇帝と表現し、秀忠のことを皇太子と表現している点である。外国人の目にも、秀忠より家康の方が上位者として映っていたということは、この際注目しておいていいことであろう。

三つ目として指摘できるのは、大坂の陣へのいきさつである。大坂城の豊臣秀頼への宣戦布告は、将軍秀忠ではなく、大御所家康がやっているという点は見のがすことができない。慶長十九年（一六一四）十月一日、京都所司代《しょしだい》の板倉勝重《いたくらかつしげ》から、大坂の騒擾《そうじょう》を告げる書状が駿府城の家康のもとに届けられ、それを読んだ家康がただちに大坂討伐を決意し、その旨を江戸城の秀忠に告げている。つまり、交戦権は家康が握っていたことが明らかである。

私は、以上の理由で、ふつう二元政治といって、江戸政権と駿府政権が対等のようにいわれているが、駿府政権が江戸政権をリードしていたと考えている。

お福が、自分の育てる竹千代の後押しを家康に頼みこもうとした理由はこんなところにあったわけである。

駿府の家康への直訴

日ましに形勢が不利になるのをみてとったお福は、ついに駿府城の家康に直訴することを考えた。のち、お福が寛永十七年(一六四〇)八月、日光東照宮に参拝したときに書いて納めたといわれる『東照大権現《だいごんげん》祝詞《しゆくし》』に、秀忠夫人小督が竹千代のことを嫌い、弟の国松が家督を継ぎそうになったが、それを大権現様が聞いて、竹千代を三代将軍にすべきだとの上意があった旨が記されている。

この『東照大権現祝詞』には、「大ごんげんさま、するがにて、きこしめしつけられ……」とあるだけで、お福が駿府に直接行って家康に会い、竹千代の後押しを依頼したことは記されていないが、お福が駿府に行ったことは事実とみてよいであろう。

たとえば、『落穂集』には、

……春日の御局見へ給はずとの義に付、御老中方より御留守居年寄衆へ御尋御座候処、近き頃、春日の局よりの頼に付、女中三人箱根御関所の通り手形相調遣候との義に付、扨は伊勢参宮に相究る。定て竹千代様へ無㆓御相違㆒御弘めなどをも被㆓仰出㆒候様にとの立願の志にても有㆑之候やと諸人推定仕候也。其時代世上に於て、春日どのゝぬけ参りと申触候よし。春日どの義も程なく下向被㆑致。

とあり、お福が女三人分の通行手形をひそかに用意し、箱根の関所を越えて駿府に向ったことを記している。当時、箱根の関所は「入り鉄砲に出女《でおんな》」といわれるように、江戸から出ていく女性の警戒をきびしくしていたところで、いかに将軍家の乳母といえども、手形なしには通行できなかったからである。

　また、お福が江戸城を出るときの口実が伊勢参宮であったことも事実であったと思われる。これは、だいぶのちのことと考えられるが、

　春の日にぬけ参りする大年増

などと、川柳《せんりゅう》にも詠《よ》まれたりしている。春の日と、春日局をかけたものである。

　さて、問題は、伊勢参宮にことよせて、江戸城を脱出し、駿府城の家康を訪ねたのがいつだったのかということである。

従来は、『春日局譜略』を典拠《てんきょ》に、元和元年（一六一五）のこととしてきた。研究書・啓蒙書《けいもうしょ》を問わず、元和元年のこととする本が圧倒的であり、通説とされている。

『春日局譜略』に書かれている内容はこうである。元和元年、竹千代は十二歳になっていたが、父秀忠、母小督の二人に嫌われていることを悩み、自殺しかけた。これを抱きとめて思いとどまらせたお福が、「何とかしなければ」と切羽《せっぱ》つまった思いで家康に訴えたという。

元和元年とする説は正しいのだろうか。私はちがうのでないかと考えている。お福が駿府城に家康を訪ね、竹千代の後押しを依頼したのは慶長十六年（一六一一）のことではなかろうか。

根拠となる史料は二つ。一つは、あとでくわしく触れるが、慶長十七年（一六一二）二月二十五日付の、家康から秀忠夫人小督に与えられた訓誡状《くんかいじょう》であり、一つは『春日局由緒』その他の記述である。訓誡状には、竹千代と国松の扱いをはっきり峻別《しゅんべつ》する家康の方針が述べられており、しかも、前年の十月から十二月までの間に、家康が江戸城を訪れ、竹千代と国松のちがいをはっきりさせていることがうかがわれる。

『春日局由緒』には、

> 慶長十乙巳年（十一年の誤り）、忠長卿誕生、幼名国松殿駿河大納言と称す家光公幼にして温藉寛雅也。忠長卿人となり聡利也。母公甚だ忠長君を愛し給ふ。是を以て諸人称して嗣君《しくん》のごとし。局恒《つね》にこれ憂て、しば〳〵駿府に往て、大権現に奉レ告て曰。家光公天下の御嗣君と成して、人何ぞ間然たらん。忠長卿、母公

の愛に依て、其勢威、家光公より大ひなり。弟として兄に勝つ事、庶人《しょじん》といへども是をなさず。況《いわんや》是天下の大事、是に兆す。大権現是を領掌し給ふ。慶長十六年辛亥年十月廿四日、大権現、江戸城本丸に来臨し給ふ。家光公時に八歳、忠長卿時に七歳、倶に御前に列座し給ふ。大権現左右を顧みて言給ふは、竹千代天質寛和、君徳自から備はる。直に天下を保つの器なり。御国は利敏にして、自然の臣家也。既にして、母公に言給ふは、天下を知るは庶人に異也。其弟と雖ども皆臣家也。従レ今後は、竹千代・御国と、正に君臣の礼を定めん。従レ是して家光公御勢ひ日に輝きし。是皆局が力也。

と記されている。やや長い引用になってしまったが、お福が、慶長十六年十月二十四日以前に、駿府の家康を訪ねたことがこれによって確実となると思われるので、煩《はん》をいとわず引用しておいた。もっとも、ここでは「しばく〱駿府に往て……」と、お福が何度も駿府城を訪ねたように記されているが、それは疑問である。

お福が訪ねたときの駿府城は、慶長十三年（一六〇八）に竣功したばかりの華麗な七重五層の天守閣がそびえていた。屋根には金箔瓦《きんぱくがわら》・白鑞瓦《はくろうがわら》が葺《ふ》かれ、釘かくしには銀細工が用いられるという超豪華なものであった。まさに、家康の権威を象徴するにふさわしい建物だったのである。

現在、家康時代の駿府城の天守閣の設計図のようなものは残されていない。屏風絵《びょうぶえ》で、「築城図屏風」といわれるのが名古屋市博物館の所蔵となっており、それが「駿府築城図屏風」と呼ばれ、駿府

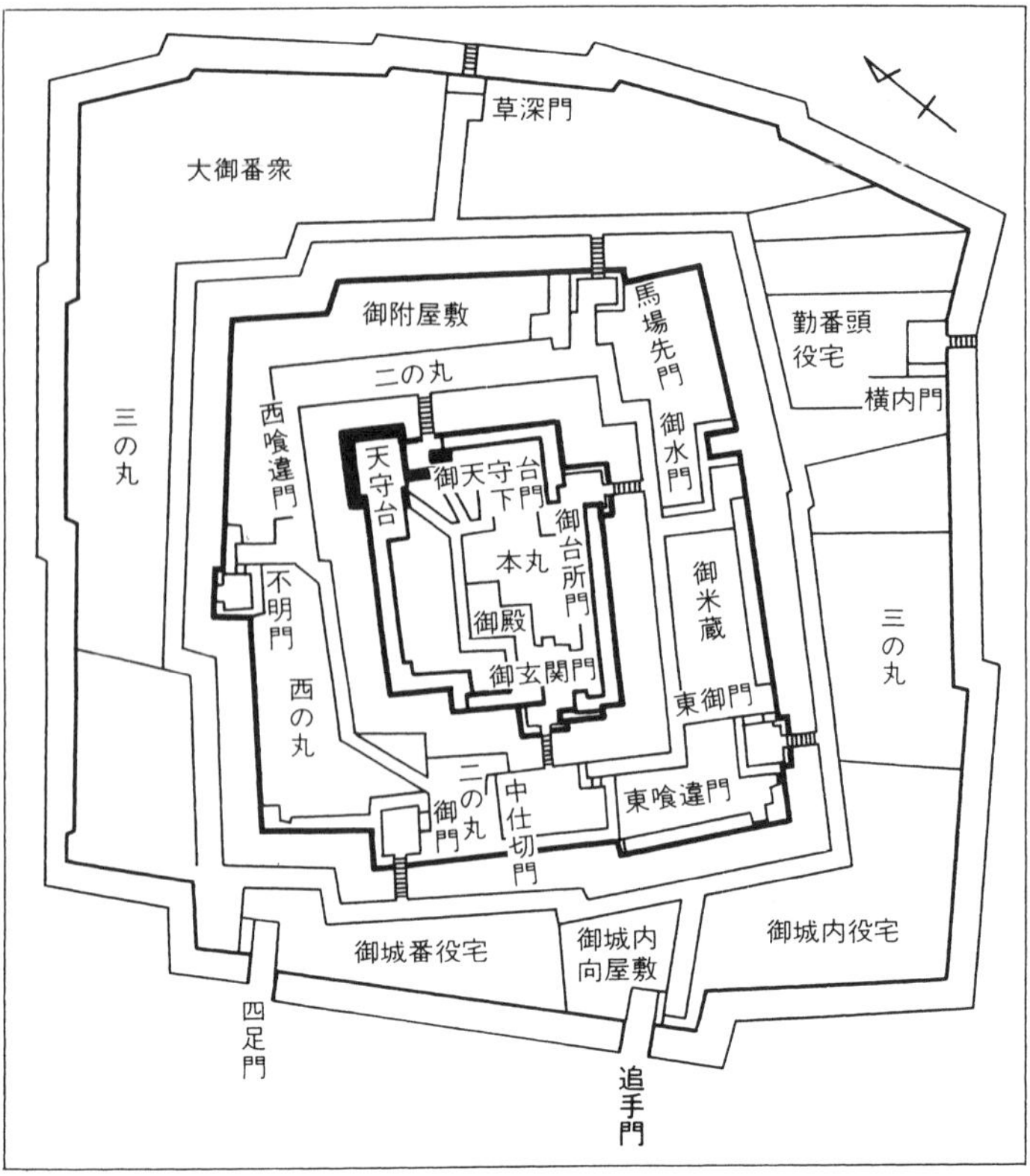

駿府城縄張図　城は本丸・二の丸・三の丸の三つの曲輪が同心円状に配置された輪郭式の形をとっている。本丸に本丸御殿と天守閣、二の丸に御米蔵などの倉庫群と西の丸とよばれる一画が、三の丸は重臣屋敷などが置かれていた。

城天守閣を描いたものであるとする説もあるが、本丸天守台の形、本丸御殿の形を、家康在城時代の駿府城とくらべてみると矛盾するところもあり、私は疑問に思っている。

一つだけ確実なのは、現在、日光東照宮の所蔵で国の重要文化財に指定されている「日光東照宮縁起絵巻」に描かれている駿府城天守閣の図である。これは、狩野探幽《かのうたんゆう》の筆で、探幽は実際の駿府城天守閣を目にしており、まちがいないものと思われる。ただ、非常に残念なことに、七重五層という天守閣の上の三層の部分だけが描かれ、下の二層部分が、雲と樹木によってぼかされており、全貌が明らかにされないのである。

お福が家康を訪ねたときの天守閣はこれであるが、この天守閣も、寛永十二年（一六三五）十一月二十九日、駿府城下西寄りの茶町二丁目というところから出火した火事のため、焼け落ちてしまったのである。

ところで、お福がどのように駿府城に入っていったのかは全く記録がなく不明である。ふつうならば追手門を通ってまず三の丸に入り、三の丸から二の丸追手門か、東御門を入って二の丸に出、さらに本丸へということになるが、女性の身で、しかも、伊勢参宮にことよせての隠密な旅なので、堂々と追手門を通ったことは考えられない。

となると、裏門ともいうべき搦手門《からめてもん》から入ったと考えるのが自然だろう。駿府城の搦手門は追手門のちょうど真裏にあたり、城外から三の丸に入る門が草深門《くさぶかもん》、三の丸から二の丸に入る門が馬場先門である。お福は、このコースを通って本丸に達し、本丸御殿で家康に謁見したものと思われる。

ここで注目されるのは、この時代、馬場先門は拮橋《はねばし》となっていたことである。拮橋は刎橋とも書かれるように、橋がはね上がるしくみになっていたものである。人が通るときにだけ橋をおろし、ふだんははね上げておくという、ヨーロッパ中世の城によくみられるものである。

駿府城に拮橋があったことは、お福が駿府城を訪れた二年前の慶長十四年（一六〇九）、前ルソン大守のイスパニア人ドン・ロドリゴ・デ・ヴィヴェロが家康に謁見したとき、駿府城を入るときのことを描写し、「予は駕籠《かご》に乗り、長距離を行きて一の橋ある濠《ほり》に達せしが、城内より急に此橋を引きたり」と記しているのでまちがいない（『ドン・ロドリゴ日本見聞録』村上直次郎訳）。おそらくお福もこの拮橋を通ったであろう。

家康在城時代の駿府城本丸も、現在は駿府公園としてきれいに整備され、家康の銅像とかお手植えのみかんなどが植えられているが、本丸がどのくらいの規模で、どのような構造になっていたかは残念ながら、遺構がなくわからない。ただ、幸いなことに、現在、東京大学総合図書館に、「駿河御城指図」という絵図があり、これによって、家康がいたころの駿府城がどのようなものであったかがわかる。

なお、この「駿河御城指図」は、紀州徳川家南葵《なんき》文庫に伝来したもので、家康の十男頼宣が駿府城にいたころの本丸を描いたものである。頼宣時代の本丸御殿は家康在城時代の建物をそのまま使って

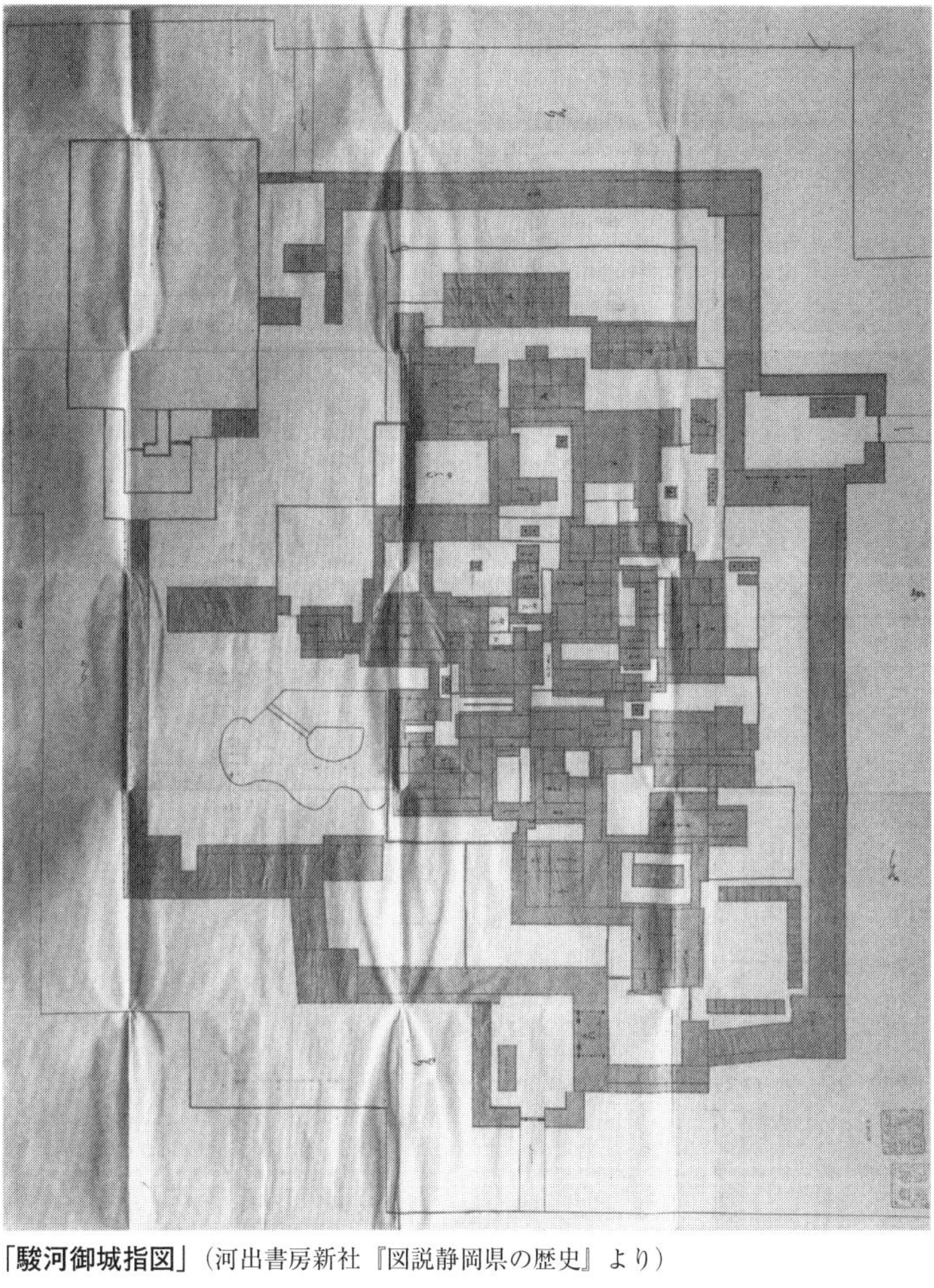

「**駿河御城指図**」（河出書房新社『図説静岡県の歴史』より）

いるので、それが家康がいたころの駿府城本丸御殿というわけである。

お福は本丸に着いて、そのまま家康に面会を求めたわけではない。家康の側室お勝の方に面会をしているのである。お勝の方はお梶《かじ》の方ともいう。家康の十五人いた側室の一人であるが、天正十八年（一五九〇）に十三歳で側室に召し出されてから家康がなくなるまで、手もとに置いていたことからも明らかなように、家康の寵愛をうけ続けていた側室だったことはまちがいない。お福がなぜお勝に面会をしたかはわからないが、それ以前から何らかのつながりがあったものであろう。

お勝の口から事情は家康に伝えられた。事態の重大性にびっくりした家康は、直接お福と会い、くわしく事情を聞いた上で、「江戸に出たとき、よきように取りはからうから、安心して江戸にもどるがいい」と、お福を帰している。

そして、ふらりと鷹狩《たかが》りに出たようなふりをして江戸城を訪れ、小説やテレビ・ドラマなどで有名なシーンとなるわけである。

その日は、さきの『春日局由緒』をはじめ『駿府記』や『武徳編年集成』などによって、慶長十六年（一六一一）十月二十四日であることはまちがいないであろう。『駿府記』の同日の条には（読み下して引用）、

廿四日、御本城に渡る。幕府御迎として大門に出御におよぶ。御若君竹千代公御弟国松君、御座席の縁上に至りて出向う。大御所の左右の御手をとり給う。しかして御台所御対面有り。その後垸飯を

　供す。山海の珍をつくし給う。幕下御相伴有り。本多佐渡守（正信）御前に候し、御挨拶申すと云云。天下政権の御雑談有りて、大御所還御《かんぎょ》すと云々。

と記されている。

ここで注目したいのは、たしかな史料には、家康が上段に座ったとき、竹千代を呼び、国松が一緒に上ろうとしたのをみて、「もったいない。国は下に控えておれ」といったとか、饅頭《まんじゅう》（または餅《もち》）を竹千代には手渡しで与えたのに、国松には投げて与えたとかのエピソードは出てこないのである。

どうもこれらは、結果からみて、「このようにやったのではなかろうか」という想像によって作り出されたエピソードの匂いがしてならない。第一、史料としての信憑性《しんぴょうせい》の点では定評のある、さきに引用した『駿府記』では、家康は、竹千代と国松、二人の孫に左右の手を引かれて座席についていることを記しているのである。

どうやら真相は、これもさきに引用した『春日局由緒』から明らかなように、小督に向って「天下を知るは庶人に異也。其弟と雖ども皆臣家也」といっただけだったのではなかろうか。

そして、いったん駿府城にもどった家康が、翌慶長十七年（一六一二）二月二十五日の長文の訓誡状を小督に与え、念押しをしたものと私は考える。

そこで、いよいよ家康の小督宛の訓誡状の検討に入ろう。

家康から小督への訓誡状

この訓誡状は全文二十七ヵ条からなるきわめて長文の文書である。しかも、原文書は伝わらず、写しの形で徳川林政史研究所とか、国立公文書館内閣文庫とか静岡市の久能山《くのうざん》東照宮などに伝わるだけである。

実をいうと、この家康の小督宛の訓誡状は、ごく最近まで〝市民権〟を与えられていなかった。中村孝也氏の編集した『徳川家康文書の研究』にも収録されていないし、古文書の集大成ともいうべき東京大学史料編纂所が編集・刊行中の『大日本史料』にも採録されていないのである。この事実は、訓誡状が疑わしいものと判断されてきたからにほかならない。

こうした従来の通説に疑問を投げかけたのは徳川義宣《よしのぶ》氏で、氏は『新修・徳川家康文書の研究』を編集し、その中に、この訓誡状を入れ、しかも、無年号の文書に、慶長十七年という年次推定も行っているのである。私も徳川義宣氏の見解に賛意を表したい。書かれている内容そのものには矛盾がみられないのである。

全文二十七ヵ条と長文にわたるので、ここではその中から一部分を紹介し、検討しておくことにしよう。まず注目されるのは第二条である。

一、国事は、一躰殊の外発明成生付にて、重畳《ちょうじょう》の事候。其方、別而御秘蔵之由、左様に可レ有レ之事に候。夫故、存寄申入候間、能々御心得、生立候様に可レ被レ成候。

ここで、家康は小督が国松を特にかわいがっているということにつき、まず、やんわりと釘をさしている。そして、問題の箇所は第五条目である。

一、大名は惣領は格別、次男よりは召仕之者同様に心得候やうに常々申聞せ、そたて候時より主人と心得候様に、くれ〳〵も可レ被二申聞一候、惣領より次男の威勢強きは、家の乱れの元に候事。

「家康も、ずいぶん思いきったことをいうな」というのが率直な私の感想である。「惣領は別である。次男（実際は国松は三男）以下は召仕同様に心得よ」という背景には、やはり、秀忠・小督が国松を三代将軍にしたいという動きが家康の所にも伝わっていたからと思われる。この長文の訓誡状で家康が一番いいたかったのはこの第五条目であろう。

そして追而書《おってがき》で、「返々、くれ〳〵も国事、随分御心附可レ被レ成候、右之通にさへ御育被レ成候得は、案し申候事は無レ之候、以上」とまとめている。「この訓誡状に書かれているように国松を育てれば、国松の身を案ずることはない」といっているわけであり、家康の教育方針を披瀝《ひれき》したものとしても興味深い内容となっている。

家康は器量より秩序をとった

私は、さきに慶長五年(一六〇〇)の関ヶ原の戦いのあと、家康が世子(世嗣)を決めたときのいきさつについて触れたが、そのときは、徳川家を発展させる〝器量〟のある子に譲るという考え方を示し、長幼の順は問題にしていなかったことを述べた。その結果、二男秀康を飛びこして三男の秀忠が家督をつぐことになったわけである。

しかし、二代目から三代目の世子を決める段になって、家康は、判断の基準を〝器量〟ではなく、長幼の順で決めている。

このことを公言したのが、さきの小督宛の訓誡状の第五条目の文言である。慶長五年から同十七年では、わずか十二年の差しかない。家康は、この十二年の間に考え方を改めていることになる。では、そうした心境の変化をもたらした要因はいったい何だったのだろうか。

若林淳之氏は、それは朱子学との接触ではないかと指摘する(「徳川忠長」『大名列伝』3悲劇編)。卓見と思われる。たしかに、慶長五年から同十七年の間で家康の身辺の変化を思想的な面から追ってみると、慶長十年(一六〇五)にはじめて二条城で朱子学者の林羅山《はやしらざん》と会い、二年後に彼を江戸城に招いているので、このことが何らかの影響を与えたであろうことは容易に理解されよう。

家康は、ここではっきりと、「庶子を立てるのは天下が乱れる基である」との立場に立つことになったのである。時代が戦国乱世から安定の時代に向かっていたことも、この考え方を補強することになったと思われる。すでに時代は能力より秩序の時代に移っていたのである。国松の悲劇は、そうした時代の転換期に生まれあわせてしまったことと、時代の移りかわりを理解できなかった母親の盲目《もうもく》の愛が要因となっていたのではなかろうか。

この点でもう一つ注目しておきたいのは『武家諸法度《ぶけしょはっと》』の条文である。元和元年（一六一五）七月に制定された『武家諸法度』の最後の第十三条には、「国主は政務之器用を撰ぶべき事」と記されていた。この条文については、主語を将軍とするか、大名とするかによって、「将軍は、政務器用の者を国主（大名）に任じる」という解釈と、「国主（大名）は政務器用のものを執政に任ずべきである」という解釈の二通りがあって意見がわかれているが（高木昭作「江戸幕府の成立」『岩波講座日本歴史9近世1』）、そのどちらの説をとるにしても、これが、「諸国守護人、殊に政務器用を択《えら》ばるべき事」という『建武式目《けんむしきもく》』の第七条をうけていることは確実であり、中世的な〝器量〟重視の考え方が基本となっていたことが明らかである。

ところが、その後、寛永十二年（一六三五）に出された『武家諸法度』には、元和元年の第十三条「国主は政務之器用を撰ぶべき事」という条項が削除されているのである。ここでも、〝器量〟より秩序が優先するようになったことがうかがわれる。

この点で、「忠長は元和の武家諸法度から、寛永の武家諸法度への変動のなかにあって、元和武家諸法度の国主に関する条項を否定し、寛永武家諸法度のいまさらそうした条項の存在を必要とさせないという武家諸法度の発展のうえで重要な役割を果たした人物であった」という若林淳之氏の指摘（「徳川忠長」）は注目に値する見解である。

お福の竹千代を思う気持が、幕府政治の根本の部分に大きなインパクトを与えたわけで、それだけに、慶長十六年（一六一一）に推定される家康への直訴が歴史的に大きな意味をもっていたということになるわけである。

たしかに、大局的にみれば、お福からの働きかけがなかったとしても、家康としては国松をではなく、竹千代に三代目の将軍職を指名した可能性は高い。しかし、お福が「竹千代を何としても家督に」と思い続けたことが、家康のそうした思惑をスムーズに運ばせる要因となったこともまぎれのない事実だったと思われる。

6　三代将軍となった家光——乳母から将軍側近の実力者へ

家康の死と竹千代

お福《ふく》が竹千代の乳母《めのと》として竹千代の養育にあたっていたころ、お福と竹千代をとりまく情勢はどのように変化していったのだろうか。さきにみたように、竹千代の生まれたのは慶長九年（一六〇四）であるが、その後の動きについてみておくことにしよう。

竹千代の生まれる前の年、すなわち慶長八年（一六〇三）二月十二日、家康が征夷大将軍《せいいたいしょうぐん》に任ぜられているが、このことは、家康をあくまでも豊臣秀頼《とよとみひでより》の後見人《こうけんにん》、「天下の家老」と考えていた大坂方を大いに刺激することになった。そこで、刺激緩和策としてとられたのが、秀忠《ひでただ》・小督《こごう》夫妻の間に生まれた千姫《せんひめ》を秀頼と結婚させることであった。千姫がわずか七歳で秀頼のもとに嫁いでいったのは、その年の七月二十八日のことであった。もちろん、翌年に生まれる竹千代自身、そのことを知るよしもないが、徳川家と豊臣家との間にこのような関係が結ばれていた点は、竹千代の幼少時代をみていく場合、一つの背景として無視しえないものをもっている。

竹千代が生まれた慶長九年（一六〇四）で注目されるのは、その年の八月十四・十五の両日、秀吉の七年忌が京都で挙行されたことであろう。これが豊国社《ほうこくしゃ》の臨時祭礼といわれるもので、家康が秀頼と一緒になって催している。祭礼そのものが八月十四日、翌十五日には、京の町衆たちによる風流《ふりゅう》の熱狂的な大群舞が行われている。家康はこの大群舞をどのような目でながめたのだろうか。もしかしたら、生まれたばかりの竹千代に対する祝福の大群舞としてみたかもしれない。

そして、翌慶長十年（一六〇五）に、すでに述べたように、家康は秀忠に将軍職を譲っている。このとき、家康は豊臣秀頼に対し、伏見まで挨拶《あいさつ》に出てくることを求めているが、秀頼の母淀殿《よどどの》の猛反対でこれは実現しなかった。大坂方としてみれば、それまで家康を「天下の家老」と考え、秀頼が成人した暁には政権を豊臣家に返してくるものと思っていたものが、将軍職を世襲《せしゅう》してしまったので、態度を硬化させていたことがわかる。秀頼の側近の中に、「家康は、秀頼様が成人しても、政権を返すつもりはないのではないか」と心配しはじめる空気が生まれてきたのもこのころのことであった。

慶長十一年（一六〇六）、弟の国松が生まれている。もっとも、この年は、国松自身も乳児ということで、比較されるということもなく、まだ兄弟間の確執は生まれていない。

この年で注目されるのは、家康が隠居城の場所として駿府《すんぷ》の地を選定したことである。築城開始と家康自身の引っ越しは翌十二年になるが、ここで、家康がなぜ、駿府に目をつけたのかについて整理しておこう。

よく引きあいに出されるのは、江戸増上寺《ぞうじょうじ》の僧観智《かんち》国師が、駿府城の落成を祝って駿府城を訪れたとき、「どうして駿府に城を築いたのですか」という質問に対し、家康が五つの理由をあげたという『廓山《かくざん》和尚《おしょう》供奉記《ぐぶき》』という史料である。すなわち、

予当国を択《えらび》て住するに、凡そ五の故あり。一に曰く、我幼年の時、此処に住したれば、自から故郷の感あり、忘るべからず。幼時見聞せし者の、今成長せしを見るは、なか〳〵に愉快なる事あるものなり。二に曰く、富士山高く北に秀でて、山脈其の左右に列れば、冬暖にして老を養ふに最も便なり。三に曰く、米穀の味、他国に冠絶せり。四に曰く、南西に大井・安倍の瀑流あり、北東に箱根山・富士川の険あり、要害最も堅固なり。五に曰く、幕府に参勤《さんきん》の大小名等来て吾を見るに便ありて、毫《ごう》も道を枉《ま》ぐるの労あるなし。且つ、此国は地勢開け、景色佳なれば、富士を不死となし、南山の寿を養ふに足る。是れ我が居を此に定むる所以なり。

とあり、五つの理由をあげている。

たしかに、駿府、今の静岡市は冬でも暖かい。雪が積もるなどということは十年に一度あるかないかである。家康は幼いころ十二年間、駿府で生活している。第二の故郷の感があったという理由もわかる。

しかし、米がおいしいというのはどうであろうか。江戸や伏見の米よりはおいしかったのかもしれ

ない。五つ目の理由は疑問がある。大名の参勤交代が制度化するのは家康死後であって、家康のときにはまだみられないからである。

そうなると、隠居を文字通り隠居とうけとめれば二番目の理由「冬暖にして老を養ふに最も便なり」というのが最大の理由ということになるが、このときの隠居は本当の隠居ではなく、すでにみたように、大御所《おおごしょ》として駿府政権を推進するための居城だったのである。となると、ここで四番目の理由としてあげている点が最大の理由といわなければならなくなる。

この点は、のち、忠長との関係のところでも論ずることになるので、必要な範囲でみておくことにしよう。

私は、家康が駿府に城を築いたのは、桜井成広氏がいう、「駿府城は野戦の支掌点として築かれたもので、幕府打倒のために東進する大軍を迎え撃つ戦場として設計した」という解釈（『戦国名将の居城』）に賛成である。仮に大坂方が攻め上ってきても、ここ駿府城でくいとめ、その間に江戸城の秀忠の態勢を整えさせるという作戦を考えていたのであろう。だからこそ、家康は駿府城より西側の安倍川・大井川・天竜川には橋を架けさせなかったのである。

さて、慶長十二年（一六〇七）に家康は駿府城に入るが、このころから、家康と秀頼との力関係が完全に逆転する。とにかく、翌慶長十三年（一六〇八）から、豊臣秀頼の方から家康に年頭の挨拶をするようになっているのである。もちろん、秀頼が直接駿府城を訪れたわけではないが、家康が秀頼の上に立つようになったことだけは誰の目にも明らかであった。

このことを、さらに象徴的に示したのが慶長十六年（一六一一）三月二十八日であった。極端ない い方をすれば、この日が「逆転の日」だったのではなかろうか。というのは、二条城にいる家康のところに、この三月二十八日、秀頼が出向いているからである。はじめの杯を家康が干し、それを秀頼に与えたというのだから、すでに両者の力関係は歴然としていたといえよう。

この年、お福が家康のもとを訪れ、竹千代への家督継承を懇願したことはすでにみた通りである。

慶長十七年（一六一二）・同十八年は大した動きがなく、大坂方との間に決定的な動きがあったのは同十九年（一六一四）のことであった。この年、四月十六日、京都方広寺《ほうこうじ》の鐘が鋳造されたが、その銘文が、大坂冬の陣の直接的な引き金となった。

鐘銘《しょうめい》に「国家安康」と「君臣豊楽」とあるのが、「関東不吉の語」として、家康方からクレームがついたのである。

結局、このことが大坂冬の陣の発端になり、ついに十月十一日、家康自ら軍勢を率いて駿府城を出陣し、十一月十五日、二条城を出て大坂城攻めに向かった。同月二十六日の今福《いまふく》・鴫野《しぎの》の戦いが実際の開戦となり、しばらく戦いが続いたが、家康は大坂城を力攻めで落とすのは容易でないことを知っていたので、いったん講和にもちこみ、翌元和《げんな》元年（一六一五）五月五日、再び二条城を発して大坂城を包囲し、ついに、八日、淀殿・秀頼母子が自刃し、豊臣氏は滅亡したのである。これが大坂夏の陣で、国内の〝戦国〟状態に完全に終止符がうたれることになった。

翌元和二年（一六一六）正月二十一日。この日、家康は鷹狩りに出かけ、田中城に泊まっている。そのとき、茶屋四郎次郎のもてなしをうけ、鯛《たい》の天ぷらを食べすぎ、夜半になって腹痛をもよおし、侍医《じい》片山宗哲《そうてつ》の調合した薬でいったんは回復したが、しだいに悪化し、ついに四月十七日、駿府城でなくなってしまったのである。家康は七十五歳。この年、竹千代は十三歳であった。

ところで、竹千代は、「自分が秀忠の世子《せいし》になれたのは家康のおかげである」ということを承知していた。お福が慶長十六年に家康に直訴におよんだときの竹千代の年齢は八歳なので、そのあたりのことを理解できる年齢ではないと思われるから、そののち、くりかえしくりかえし、お福が竹千代に「おじいさまの御恩を忘れてはなりません」といい続けたのであろう。

竹千代、すなわち家光の家康崇拝の原点はまさにここにあった。日光東照宮の大造営は家光による家康崇拝の極致といっていい。

家光が父秀忠よりも祖父家康を慕い、崇拝の念をもっていたことは、寛永九年（一六三二）の家光の日光社参を例示するだけでも明らかである。

この年は、家康の十七回忌の年にあたっていた。ところが、その年の正月二十四日に秀忠が歿してしまったのである。ふつうならば喪に服すところであるが、家光は予定通り日光社参を行っている。家光にとって、父秀忠より祖父家康の方がはるかに偉大な存在だったのである。ただ偉大だったとい

料金受取人払郵便

本郷局承認

5513

差出有効期間
2024年7月
31日まで

郵便はがき

1 1 3-8 7 9 0

東京都文京区本郷7丁目2番8号

吉川弘文館 行

愛読者カード

本書をお買い上げいただきまして、まことにありがとうございました。このハガキを、小社へのご意見またはご注文にご利用下さい。

お買上書名

＊本書に関するご感想、ご批判をお聞かせ下さい。

＊出版を希望するテーマ・執筆者名をお聞かせ下さい。

お買上書店名　区市町　書店

ご氏名《ふりがな》	年齢　　歳	男・女
〒 □□□-□□□□ ご住所	電話	
ご職業	所属学会等	
ご購読新聞名	ご購読雑誌名	

今後、吉川弘文館の「新刊案内」等をお送りいたします(年に数回を予定)。
ご承諾いただける方は右の□の中に✓をご記入ください。　□

注文書

月　　日

書名	定価	部数
	円	部
	円	部
	円	部
	円	部
	円	部

配本は、○印を付けた方法にして下さい。

イ. 下記書店へ配本して下さい。
(直接書店にお渡し下さい)
(書店・取次帖合印)

書店様へ=書店帖合印を捺印下さい。

ロ. 直接送本して下さい。
代金(書籍代+送料・代引手数料)は、お届けの際に現品と引換えにお支払下さい。送料・代引手数料は、1回のお届けごとに500円です(いずれも税込)。

＊お急ぎのご注文には電話、FAXをご利用ください。
電話 03−3813−9151(代)
FAX 03−3812−3544

（ご注意）

・この用紙は、機械で処理しますので、金額を記入する際は、枠内にはっきりと記入してください。また、本票を汚したり、折り曲げたりしないでください。

・この用紙は、ゆうちょ銀行又は郵便局の払込機能付きＡＴＭでもご利用いただけます。

・この払込書を、ゆうちょ銀行又は郵便局の渉外員にお預けになるときは、引換えに預り証を必ずお受け取りください。

・ご依頼人様からご提出いただきました払込書に記載されたおところ、おなまえ等は、加入者様に通知されます。

・この受領証は、払込みの証拠となるものですから大切に保管してください。

収入印紙
課税相当額以上
貼　　　付

印

この用紙で「本郷」年間購読のお申し込みができます。

◆この申込票に必要事項をご記入の上、記載金額を添えて郵便局でお払込み下さい。

◆「本郷」のご送金は、４年分までとさせて頂きます。

※お客様のご都合で解約される場合は、ご返金いたしかねます。ご了承下さい。

この用紙で書籍のご注文ができます。

◆この申込票の通信欄にご注文の書籍をご記入の上、書籍代金（本体価格＋消費税）に荷造送料を加えた金額をお払込み下さい。

◆荷造送料は、ご注文１回の配送につき500円です。

◆キャンセルやご入金が重複した際のご返金は、送料・手数料を差し引かせて頂く場合があります。

◆入金確認まで約７日かかります。ご諒承下さい。

※現金でお支払いの場合、手数料が加算されます。通帳またはキャッシュカードを利用し口座からお支払いの場合、料金に変更はございません。

※領収証は改めてお送りいたしませんので、予めご諒承下さい。

お問い合わせ　〒113-0033・東京都文京区本郷７―２―８
吉川弘文館　営業部
電話03-3813-9151　FAX03-3812-3544

この場所には、何も記載しないでください。

払込取扱票

02 東京

通常払込料金加入者負担

口座記号番号	金額
00100-5-244	千 百 十 万 千 百 十 円 ※

加入者名	料金	備考
株式会社 吉川弘文館		

ご依頼人・通信欄	
フリガナ ※お名前	
郵便番号	電話
※ご住所	
※	

〈この用紙で書籍代金ご入金のお客様へ〉
代金引換便、ネット通販ご購入後のご入金の重複が増えておりますので、ご注意ください。

◆「本郷」購読を希望します

購読開始　　号 より

1年 1000円（6冊）　3年 2800円（18冊）
2年 2000円（12冊）　4年 3600円（24冊）
（ご希望の購読期間に○印をお付け下さい）

日附印

各票の※印欄は、ご依頼人において記載してください。

裏面の注意事項をお読みください。（ゆうちょ銀行）（承認番号東第53889号）

これより下部には何も記入しないでください。

切り取らないでお出しください。

記載事項を訂正した場合は、その箇所に訂正印を押してください。

振替払込請求書兼受領証

口座記号番号	00100-5-244（通常払込料金加入者負担）
加入者名	株式会社 吉川弘文館
金額	千 百 十 万 千 百 十 円 ※
ご依頼人	おなまえ ※　様
料金	日附印
備考	

この受領証は、大切に保管してください。

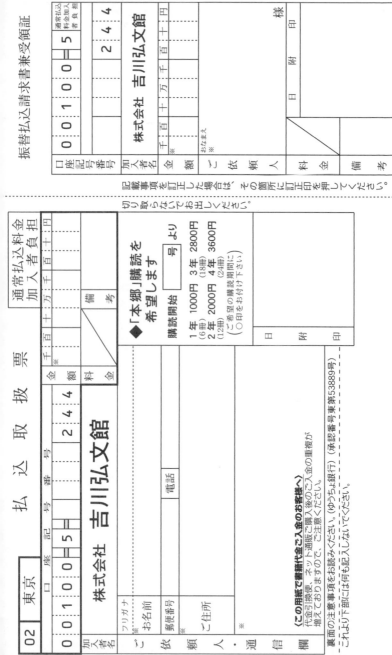

うだけでなく、そこには、「世子として定めてくれたのは家康の一声があったから」という思いも去来していたものと思われる。

将軍世子として西の丸に移る

竹千代が元服して家光と名乗るのは、あとでくわしく触れるが元和六年（一六二〇）のことであった。元和六年といえば、竹千代はもう十七歳である。ふつう、元服は十五歳がいちおうの目安となっており、十七歳という年齢は、「少し遅すぎはしないか」との印象をうける。

実は、家康は元和二年（一六一六）、竹千代を十三歳で元服させるつもりだったことを示す史料があるのである。その史料というのは金地院崇伝《こんちいんすうでん》の日記『本光国師日記《ほんこうこくしにっき》』である。この日記によると、家康は崇伝に、「来年は京都に上り、竹千代を京都で元服させようと思う」という内意を示し、そのことを京都所司代《しょしだい》の板倉勝重に伝えさせていることが判明する。

ここで注目されるのは、『春日局譜略』に出てくることと符合している点である。『春日局譜略』によると、家康はお福の直訴をうけたあと江戸に出、小督《こごう》に向かい、「竹千代十五歳に及べは則ち、予これを携《たずさ》え、入洛し、三代将軍の名を揚ぐべし」と宣言しているのである。年齢の点でくいちがいはあるが、「元和二年に、竹千代を京都につれていって元服させる」というのが家康の意向だったことはまちがいないのではなかろうか。

辻達也氏も、『春日局譜略』のこの部分に注目し、「家康が家光を京都で元服させるという意向を元和元年にもらしたのは、幕府首脳部のごく一部以外は知るはずのない内々のことであった。それをこの本〔小和田註・『春日局譜略』〕がのせているところを見ると、案外幕府の内情に詳しい資料によっているのかもしれない」と述べている（『日本の歴史』13江戸開府）。

家康は竹千代を元和二年になったら京都で元服させる心づもりでいたが、その元和二年に歿してしまったのである。そのため、十三歳で元服するはずだったものがのびのびになってしまい、元和六年、十七歳になってしまったものと思われる。

家康の鶴の一声によって、将軍世子としての立場は確立したが、家康の死によって、それはきわめて不安定なものとなってしまった。強力なうしろ楯がなくなってしまったのである。いつまた、小督たちの、国松を推そうというグループが台頭してくるかもしれない。お福にしても、竹千代にしても、心の休まる状態ではなかったであろう。

しかも、それは、精神的な不安定さだけでなく、物質的不安定さも伴っていたようである。『武野《ぶや》燭談《しょくだん》』巻之十四に、

（茶屋四郎次郎）長以《ながもち》、家光公御部屋住の頃、御不自由になるを以て、春日局、長以に申されて、上柳・亀弥など丶申す者の金銀を御用に立たせける。

という短い文章がある。一読して明らかなごとく、京都の豪商茶屋四郎次郎が竹千代に金銀の用足しをしたというものである。ただ「部屋住の頃」とあるだけなので、具体的に何年のことかわからないが、時期的にみて、庇護者《ひごしゃ》家康を失ったころのことではないかと推測されるので、ここで触れておくことにする。

「上柳・亀弥など、申す者」というのは江戸城出入りの商人であろう。お福から茶屋四郎次郎に依頼があり、そこから連絡があって、上柳・亀弥が金銀を用足ししていたようにうけとれる。部屋住みの身で満足な生活費が得られていなかった様子がうかがわれる。

元服がのびのびになってしまったのは、家康が病気になり、そして死んで、葬儀やら、喪、さらには廟《びょう》の建設などが重なり、しらずしらずのうちにあと送りになったためであるが、そこに、「竹千代を推す家康がいなくなった。今こそ国松を世子に」という小督ら国松擁立グループの蠢動《しゅんどう》がなかったかどうか。秀忠に若干の迷いがあったようにもうけとれる。

しかし、一度、「世子は竹千代である」と決められたものが、もし、くつがえされるようなことになると、さらに混乱すると秀忠は判断したのであろう。ついに、家康がなくなった翌年元和三年（一六一七）十一月二十一日、竹千代を西の丸に移している。このことによって、竹千代が将軍世子であることが明確となったのである。

そして、さらにそのことを決定づけることが元和四年（一六一八）におこっている。何月のことであるかはわからないが、あとで述べる国松が西の丸に向けて鉄砲を放ったという一件が十月といわれているので、それ以前であったことはまちがいない。『春日局由緒』に、

元和四戊午年、家光時に十五歳、台徳院殿御手自、御代々御所伝の、歯朶の御頭盔授与し給ふ。大権現常に御著月なり、家光公局を召して、其御盔を見せ給ふ。局感泣して言ふ。天下の儲君、誰か疑はん。

とみえるのがそれである。「歯朶《しだ》の御盔」と書かれているのが、俗に「歯朶具足《ぐそく》」と呼ばれている国の重要文化財となっている伊予《いよ》札《ざね》黒糸《くろいと》素懸《すがけ》威《おどし》胴丸《どうまる》と、その前立《まえだて》のことである。家康が夢の中で大黒天の着用している具足をみて、それを模造させたということで、御夢想形の甲冑《かっちゅう》とか、御霊夢形の甲冑と呼ばれ、家康愛用の具足だった。

大黒頭巾《ずきん》風の兜《かぶと》の前立として金の歯朶の形を配した意匠の卓抜さから、家康所用の甲冑の中では特に有名なもので、現在、久能山東照宮博物館の所蔵となっている。

家康がこの歯朶具足を用いはじめたのは、『四戦紀聞《しせんきぶん》』によると、天正十二年（一五八四）の小牧《こまき》・長久手《ながくて》の戦いのときからという。

この歯朶具足を着用して秀吉との戦いに勝ったということで、家康は、以後、豊臣家との戦いには必ずこれを着用して出陣したという。そのため、家康死後も、歴代将軍にとって歯朶具足は特別な意味をもって襲蔵《しゅうぞう》されていたのである。

その間の事情を端的な形で表現しているのは、時代はかなりあとになるが、享和三年（一八〇三）

の、「正月十一日御召御写形御飾御具足御修復一件御用書付控」（『函匠岩井家所伝書類』）であろう。

そこには、

東照宮、大坂・関ヶ原御陣江被レ為レ召、御勝利為レ遊候付、右之為二御先例一、御代々様御召御具足、
右之写形御壱領宛被レ為二仕付一奉二相勤一候。

徳川家康の歯朶具足（久能山東照宮博物館所蔵　静岡市）

と記され、「大坂・関ヶ原」と時代の順序は逆になっているが、家康が関ヶ原の戦いにも、大坂の陣にも着用し、勝利を得たためでたい具足であるとして伝えられたことがわかる。

以前から私は、この元和四年に秀忠から与えられた歯朶具足は、家康着用のものであると考えていたが、今回、本書の執筆にあたり、いいかげんなことは書けないので、綿密な調査を試みてみた。その結果、意外な事実が明らかになってきた。秀忠から竹千代に与えられたというのは、複製品だったのではないかということである。

さきに引用したように、歴代将軍は、この家康着用の歯朶具足の「写形《うつしがた》」、すなわち複製品を作ることが先例として踏襲されていたことが明らかである。

家康が実際に着用したことのある本物の歯朶具足は、家康歿後、久能山東照宮に奉納されていた。それを江戸城の紅葉山《もみじやま》の宝庫に移させたのは家光である。『徳川実紀』正保四年（一六四七）正月二十五日の条に、「駿河国久能山の神庫に収貯ある所の歯朶の御兜、青染の御具足を持来るべき旨命ぜられ、目付花房勘右衛門正盛、具足奉行外山忠兵衛正春を遣はさる」とあることによってそれは確実である。

したがって、元和四年段階で、秀忠から竹千代に譲られたときには、本物の方はまだ久能山にあったわけで、竹千代が直接手にすることはできなかったことになる。

鈴木敬三氏は「久能山東照宮の神宝と江戸城紅葉山の武器」（『久能山東照宮伝世の文化財』）の中で、

「御写形」、すなわち家康着用歯朶具足の複製品は、新将軍宣下《せんげ》とともに函匠《はこしょう》岩井与左衛門家が仕立てて献上したことを述べている。複製品であっても、歯朶具足の譲与が、家督継承を約束する世子としての認定証の意味をもっていたことになる。だからこそ、お福が、さきの『春日局由緒』にあるように、竹千代からこの歯朶具足をみせられたとき、思わず涙を流して「天下の儲君、誰か疑はん」といったのであろう。お福もここではじめて、竹千代が世子として認定されたという確信をもつことができたのである。

元服して家光と名乗る

このころのこととして、新井白石《あらいはくせき》の著わした『藩翰譜《はんかんふ》』に興味深いエピソードがのっている。要点をかいつまんで紹介しておこう。

『藩翰譜』では元和四年（一六一八）十月のこととしている。国松はそのころ鉄砲の稽古《けいこ》をしており、江戸城中で鳥を撃ったりしていた。ある日、鴨《かも》を撃つことができたので、それを母の小督にみせたところ、「今晩はこの鴨を料理して父上をおもてなししましょう」ということになった。

秀忠が呼ばれ、「この鴨は国松が撃ったものでございます」と、国松も小督も得意気に秀忠に話したものであろう。秀忠は「どこで撃ったのじゃ」と聞く。国松は「西の丸の堀で撃ちました」と答えた。

するとそれまでにこにこして料理を食べていた秀忠の顔色が急にかわり、もっていた箸《はし》を落とし、「西の丸には竹千代がいるのを知らぬのか。臣下たる者が主君の城に向かい鉄砲を撃ちかけるとは何事か」と怒って席をたっていってしまったという。

この話も、あまりにもドラマチックであり、うまくできすぎている。どこまで事実であったかわからないが、国松をかわいがっていた秀忠も、そろそろこのころには、竹千代が主君、国松を家臣というはっきりしたけじめができていたことを示すエピソードとしては使えよう。

元和六年(一六二〇)九月七日、竹千代は元服して家光を名乗ることになった。竹千代というのは幼名(童名)であり、十七歳になるまで幼名でよばれていたわけで、さきにも述べたように、途中、家康の死によってのびのびになってしまったという理由はあったにしても、やはり異例なことであった。

名乗りの家光というのは、いうまでもなく祖父家康の名乗りの一字をうけている。これを偏諱《へんき》といっているが、父秀忠の〝秀〟の字も〝忠〟の字もなく、かわりに祖父の字が一字入っていることは注目しておかなければならない。豊臣家の通字である〝秀〟の字を忌避したことは当然としても、〝忠〟の字が継承されなかったことは、そこに竹千代、すなわち家光の意思が働いていたことが考えられるからである。

名乗りのことを実名《じつみょう》とか諱《いみな》といっている。以後、家光を名乗るわけであるが、同時に花押《かおう》ももつことになる。元服前と元服後の大きなちがいはこの二つであろう。花押のことは書判ともいうが、署名のときのサインであり、花押をもてるということは、命令を出せる一人前の人間であるということを意味していたのである。

外見上の変化としては、それまで前髪を垂らしていたのが髷《まげ》を結うことになるといった程度であるが、資格の点では元服前と元服後では大ちがいであった。

なお、家光の場合、元服にさきだって、その年の正月に正三位・権大納言の叙任《じょにん》をうけており、その位記が江戸城に達するのをまって、九月七日に元服をしたわけである。

ここで注目されるのは、同じ日に、弟の国松も元服していることである。二つちがいの弟なので、国松は十五歳であり、元服の年齢としてはふつうのケースで、順当なところといえるが、兄と同日というのはどういうことなのだろうか。うがったみかたをすれば、国松が兄竹千代と同じ日に元服したことが、結果的には将来おきる国松の悲劇のもとになってしまったといえるのかもしれない。

国松は元服して忠長と名乗った。この方は明らかに父秀忠から偏諱を与えられたことになるが、祖父家康の一字をもらった家光と、父秀忠の一字をもらった忠長との対立の構図が、この名乗りをみるだけでもはっきりする。なお、忠長は従四位下・参議兼右近衛権中将に叙任されている。

秀忠から家光への交代

家光が元服して三年後の元和九年（一六二三）七月二十七日、秀忠は将軍職を家光に譲っている。徳川三代将軍家光の登場である。この年、秀忠は四十五歳、家光は二十歳となっており、四十五歳といえばまさに働き盛りで、「なぜ隠退したのだろう」と疑問に思う人も少なくないのではなかろうか。どうも私たちは、現在の感覚からいって、退職イコール隠居と考えてしまう傾向があるようである。しかし、この時代、位を退くことと、第一線を退くこととはイコールではなかった。本書でも、家康が将軍職を秀忠に譲ったあとも実権を握りつづけた例をみてきたところである。秀忠も家康と同じ道を歩もうとしていたとみることができる。

この点をもう少し具体的にみることにしよう。秀忠は、慶長十年（一六〇五）に家康から将軍職を譲られ、二代将軍となり、元和九年（一六二三）に家光に譲っているので、その間十八年間ということになる。もっとも、将軍になっても、家康が元気な間はその下になっていたため、実際に秀忠が自分の思うままに政治を動かせたのは八年間でしかなかった計算になる。

ところが、秀忠の事績を追っていくと、実際に将軍として在職していた期間の政治より、将軍職を退いてからあとの方が、特筆されるものを残しているのである。

これは、秀忠が、家康のときと同じように大御所となって実際の政治をリードしていった結果である。

どうしても、歴史というのは、年譜とか年表によってものごとが考えられてしまう傾向がある。家光が元和九年七月二十七日に将軍になったといえば、その日からあとのできごとは、すべて新将軍家光の命令によって、あるいは意向によって動いていったと考えてしまう。しかし、それは錯覚《さっかく》である。大御所秀忠が元気なうちは、将軍家光よりも大御所秀忠の方が上にたっており、秀忠のリードで政治が執られていたのである。ここに幕府政治の複雑さ、理解のむずかしさがあった。

これは、ある意味では、日本の政治の歴史的伝統だったといえるかもしれない。古代末期からはじまる院政がそうだったし、明治以後の近代国家にみられる元老《げんろう》政治というものも同じである。第一線を退いたことにより、むしろ自由な立場で思いきった政治ができたのである。

それまでの朱印船《しゅいんせん》貿易を奉書船《ほうしょせん》貿易に切りかえたのは寛永八年（一六三一）のことで、年表だけで判断すれば、明らかに時代は三代将軍家光のときのことなので、「家光がやった」と理解されてしまう。しかし、その実際の推進役は秀忠だったのである。

どうしても、初代家康の功績がクローズ・アップされるため、二代目はその陰に隠れてしまいがちである。しかも、三代目家光もかなりの業績を残しているため、実際は秀忠がやったことでも、その功績は家康か家光にとられてしまう傾向があったように思われる。大御所秀忠の政治はもう少し見なおしてもいいのではなかろうか。

秀忠が歿したのは寛永九年（一六三二）正月二十四日である。ここで大御所がいなくなり、ここから家光本来のというか、独自の政治が行われることになる。したがって、秀忠が家光に将軍職を譲った元和九年から寛永九年までは、二人三脚で進んだことになる。

ところで、諸書の伝えるところでは、家光は将軍になったとき、諸大名を伏見城に集め、「祖父家康は、そちたちの協力によって天下を統一し、将軍になった。父秀忠は、そちたちとは同僚であった。われは生まれながらの将軍である」と啖呵《たんか》をきったという。この真偽《しんぎ》は別として、こうしたエピソードが伝えられる背景は、歴史学の上からみても重要な意味をもっている。

というのは、戦国時代末期を例にとってみても、家康と他の戦国武将との力関係というのは決して絶対的なものではなかった。誰についていくのが一番確実なのかを考え、それぞれが保身のために家康についていくことを選択していたにすぎない。いわば家康は、戦国武将という封建支配者階級の階級的利害によってかつぎ出された〝玉〟でもあったのである。

「実力ある者が天下をとる」というのが、戦国武将たちに共通する認識であった。だからこそ、家康が豊臣家に代って天下に号令することを、大坂方を除く誰もが認めたのである。

しかし、「実力ある者が天下をとる」という論理が認められつづけるとすれば、いつまでたっても戦国乱世は終わらないということにもなる。たとえば、諸大名たちの中には、伊達政宗《だてまさむね》のように、

「家康には頭は上がらないが、そのせがれの秀忠よりは自分の方が上である」と考えていた者はかなりいたであろう。伊達政宗が「秀忠よりは自分の方が力は上だから」ということで、「実力ある者が天下をとる」と考えれば、またそこで戦いがおこる可能性があった。

家康は、自分は「実力ある者が天下をとる」という論理をふりかざして豊臣家を根絶やしにして天下をとったが、その段階で、「実力ある者が天下をとる」時代は終わったのだというふうに考え方を変えていった。あるいはそのあたりのずるさが、家康が嫌われる一つの理由になっているのかもしれないが、とにかく、実力より秩序へと強権的に変更させていることはまちがいない。

すでに述べた、器量をとるか、秩序をとるかで、秀忠の世子として、器量の点では劣る竹千代を、「年齢が上だから」という理由だけでその地位につけていったことなどは、その最もはっきりしたあらわれとみていいであろう。

諸大名たちにしてみれば、「徳川幕府というものは、自分たちが家康に協力して築きあげてきたものだ」という意識があった。しかし、それは二代秀忠のときまではあてはまっても、三代家光にはあてはまらない。やはり、家光は「生まれながらの将軍」だったのである。そこに家光の力の政治が推進できる素地もあったことになる。

力の政治を象徴的に示すのが諸大名に対する改易《かいえき》であろう。弟忠長の改易のことについてはのちにあらためてくわしく触れることにするが、とにかく、忠長を含めて、徳川一門および譜代大名が二十家（百二十一万石余）も改易され、外様《とざま》大名にいたっては二十九家（二百七十六万石余）が改易されているのである（藤野保『新訂幕藩体制史の研究』）。

この数字は、家康の行った改易、秀忠の行った改易をはるかにうわまわっており、文字通り「生まれながらの将軍」としての家光が、もてる力を最大限に使って、力で推し進めていったものであることがわかる。

この、家光による力の政治を象徴的に示すのがもう一つある。正保元年（一六四四）にはじまる、「諸国郡絵図」「正保国絵図」それに「正保城絵図」の作成である。村上直氏は、「これらの政策は、まさしく、幕府が全国支配権の強化を目ざしたもので、国ごとにすべての土地の所有権が将軍へ帰属していくことを確認しようとしたものである。そこにはかなり強引な武断政治の側面がみられるのである」（「三代目の政略―幕府確立の道―」『歴史読本』昭和六十二年新年号）と述べている。

正保城絵図については、以前、私も注目し、検討したことがあった（小和田哲男「近世初期城下町絵図の一考察―いわゆる〝正保年間〟絵図について―」『地方史研究』八八号）。現在、国立公文書館内閣文庫に、弘前《ひろさき》・盛岡・棚倉《たなくら》・白河・二本松・白石・秋田・本荘・新庄《しんじょう》・山形・上山《かみのやま》・米沢・東根《ひがしね》・水戸《みと》・笠間・烏山・沼田・古河・関宿《せきやど》・小田原・村上・新発田《しばた》・長岡・丸岡・飯山・上田・高遠《たかとお》・岩村・大垣・掛川・田原・刈谷《かりや》・西尾・膳所《ぜぜ》・桑名・亀山・松坂・郡山《こおりやま》・岸和田・新宮《しんぐう》・福知山・亀山・篠山・明石《あかし》・松江《まつえ》・津和野・津山・岡山・三原・松山・福山・広島・徳島・丸亀《まるがめ》・大洲《おおず》・高知《こうち》・

小倉・日出《ひじ》・府内・臼杵《うすき》・岡・唐津《からつ》・八代《やつしろ》と、六十三枚の城絵図があり、これらは、いずれも、家光の命をうけて、諸大名が調進したものである。

六十三城では全大名を網羅《もうら》したことにならないが、たとえば、この内閣文庫の正保城絵図と同じ筆致の絵図が他にもあり、何らかの事情で流出したものと考えられる。ちなみに、内閣文庫は江戸城内にあった紅葉山《もみじやま》文庫の蔵書がそのまま引き継がれたものなので、これら国絵図・城絵図は江戸城内に納められたものであることが明らかである。

正保城絵図には、本来なら秘密事項であるべきはずの城の内部までこと細かに描かれており、極端ないい方をすれば、諸大名は丸裸になり、秘密をすべてさらけ出した形となる。家光の力の政治により、諸大名は完全に屈服させられたことを象徴的に示すといってもいいすぎではないであろう。

献身的に家光を養育したお福

家光が元服し、将軍になったころ、お福はどうしていたのだろうか。前にも述べたが、もしお福が単なる乳母であれば、成長したところでお払い箱になるところである。ところが、お福の場合は、乳母から養育係となり、そのまま家光の側近くに仕えている。

将軍を育てあげたということで、お福はかなりの権勢をもっていたようである。そのことを示すエピソードがある。すでに春日局を名乗っていたので、寛永六年（一六二九）以降のことになるが、あるとき、江戸城を出て、城外の稲葉丹後守の屋敷に出かけたことがあった。帰りはすでに夜が更《ふ》けていて大手門は固く閉ざされていた。門外から「春日なるぞ」と家来にいわせたが、門番の侍《さむらい》は、「春日だろうと誰だろうと、夜中にこの門を通すことはできない」とつっぱねたのである。

大手門の門番の侍は「平川門にまわるように」と指示しただけで、やはり門は固く閉ざされていた。仕方なく、お福は平川口にまわりもどることができたのである。翌朝、その門番の侍が近藤登之助であると知り、家光にそのことを告げたところ、家光は笑って、「それでこそ余は枕を高くして眠れる」といったという。お福も「なるほど」と思い、近藤登之助に上等のお菓子を贈ったという（岡成志『日本女性美史』）。

時間外には大手門が固く閉ざされるのは承知の上で、「春日なるぞ」といわせたあたりに、権勢をふるっていたお福の真骨頂《しんこっちょう》がかいまみられるわけであるが、そのお福のおかげで、一族の者たちもしだいに引きたてられていった。

たとえば、お福の前の夫、稲葉正成《まさなり》は、お福と別れたあともそのまま浪人暮らしだったが、慶長十二年（一六〇七）突然、美濃《みの》国で一万石の所領を与えられ、大名に列している。『寛政重修諸家譜《かんせいちょうしゅうしょかふ》』巻第六〇八の稲葉正成の項では、ただ「十二年、関ヶ原御陣前後の忠節をおぼしめされ……」とだけ書かれているが、三年前にお福が竹千代の乳母になったために大名としてとりたてられたことはいうまでもない。

そののち、正成は、元和四年（一六一八）にはさらに一万石を加増され、二万石の大名になって越後の糸魚川《いといがわ》に赴いている。越前松平忠直の弟忠昌の附家老となっていた。

お福が乳母に上がったことによって、その恩恵を最もうけたのは、何といってもお福にとっての長男稲葉正勝であろう。竹千代誕生のところでも触れておいたように、お福が乳母になると同時に、当時、千熊といっていた八歳の正勝が、竹千代の小姓となっているのである。

正勝は、その後、小姓から元和七年（一六二一）には書院番頭となり千五百石、寛永元年（一六二四）には一万石となり、翌年二万石と、とんとん拍子の加増をうけ、最終的には相模《さがみ》小田原城八万五千石の大名となっているのである。

もう一人、お福の〝ひき〟のおかげで出世をした男がいる。のちに老中となる堀田正盛《ほったまさもり》である。正盛は、お福に直接血はつながらないが、係累の一人であった。つまり、夫稲葉正成が先妻との間に何人か子を作っているが、その内の一人の女子が堀田正吉に嫁ぎ、正盛を生んでいるのである。

お福は元和六年（一六二〇）、そのとき十三歳だった正盛を召し出し、家光に付けている。

このように、お福は自分の身のまわりの者を家光に推挙し、栄達《えいたつ》させているのである。こんなところからも、お福の権勢がいかなるものであったかがわかろう。

7 駿河大納言忠長の自刃とお福――忠長の乱行は後世のつくり話か

甲斐の大名となる忠長

竹千代、すなわち、家光を世子《せいし》とし、弟国松はあくまでも家臣として扱わなければならないと考えるようになった秀忠は、国松をいつまでも竹千代と同じようにしておくのは不都合であると思うようになった。たとえ、身柄は江戸城に置いておくとしても、主君と家臣としてのけじめをはっきりつけるため、どこかの大名にしようと考えていた。ちょうど、家康が、九男義直《よしなお》、十男頼宣《よりのぶ》、十一男頼房《よりふさ》を大名にとりたて、徳川の別家をたてさせたように、国松にも、徳川を名乗らせ、それ相応の待遇をしてやろうとしたのである。

そこで秀忠が選んだのは甲斐《かい》国であった。徳川氏にとって、甲斐は他の国とは異なる事があったからである。それを一言で表現するのはむずかしいが、要するに「権現様由緒《ゆいしょ》の国」であったことはまちがいないところだろう。

時代はかなりさかのぼるが、天正十年（一五八二）の本能寺《ほんのうじ》の変のあと、家康は秀吉と争うことをやめて、自分の国を広げることに全力を投入し、またたく間に甲斐・信濃《しなの》の二ヵ国を占領し、それまでの駿河《するが》・遠江《とおとうみ》・三河《みかわ》三ヵ国の大名から、一躍五ヵ国の大名となっており、ここに、家康の「五ヵ国時代」と呼ばれる段階が八年間ほど続くのである。

いうまでもなく、甲斐・信濃は武田氏の旧領であり、家康は、武田の遺臣を巧みにとりこみながら、甲斐の支配に成功し、家康が飛躍する一つのバネとなった。だからこそ、その後になっても徳川幕府は甲斐を天領、すなわち、直轄地にしたりしているのである。

秀忠は、わが子国松の将来性を考え、徳川氏にとって由緒ある甲斐国の大名とする決心を固めたのである。ところが、問題なのは、国松が甲斐の大名になった年に相異なる二つの説がみられるということである。

一説は元和《げんな》二年（一六一六）九月十三日とする。『元和年録』がこの説をとっている。それに対し、もう一つの説は元和四年（一六一八）正月十一日だという。さきにも触れたが、国松は生まれた月日もはっきりしていない。三代将軍の実の弟であるのに、この扱いはいったいどういうことなのだろうか。のちに述べるように、そのあと自刃させられていることから、罪人としての扱いで、かなり書類の隠滅《いんめつ》が行われたのではないかとも思われる。

ただ、この場合、元和二年説・元和四年説では、『徳川実紀』が元和四年説の立場をとっているので、どちらかといえば、四年とする考え方の人が多いように思われる。しかし、実際のところはどっちが正しいのかはわからない。ここでは、いちおう、元和四年正月十一日ということで考えておこう。

ところで、従来の忠長研究で、一つ重要な事実が忘れさられていた。元服前の国松が、薩摩《さつま》の島津家久の養子になるかもしれないという動きがあった点である。この点を掘りおこしたのは徳川義宣氏で、氏は、家康のブレーンの一人であり、秀忠につけられた本多正信の島津家久宛の文書を検討し、島津側から秀忠に対し、「国松様をわが養子に迎えたい」との打診があったことを明らかにしているのである（『新修徳川家康文書の研究』）。

まず、その論拠となった元和二年（一六一六）七月晦日《みそか》付の島津家久宛本多正信の書状（『島津家文書』）の一部を読み下して引用してみよう。

……去年伊勢兵部殿（貞昌）御越の刻も、御養子の儀仰せ下され候間、その通り申し上げ候処に、去る時分、当地（江戸）へ御下向の節、御国（国松）様を貴公御跡目に仰せ請けられたき由、御申し上げ候えども、未だ、そなた様も御若く御座候条、御息様、定めて御出来成らるべく候間、御領掌御座無く候……。

元和二年七月といえば、家康の死後三ヵ月しかたっていない。関ヶ原の戦いで西軍に属した島津氏としてみれば、このあとも御家を存続させるためには、秀忠の子を養子に迎えるのが一番と判断したのであろう。

しかし、秀忠は首をタテにふらなかった。「国松を島津の養子にしてしまったのではもったいない」

という思いがあったのだろう。家康の子の義直や頼宣・頼房のように一家をたててやり、竹千代の藩《はん》屏《ぺい》にすることをもくろんでいたものと思われる。

あるいは、断わりの理由としてあげてある「未だ、そなた様も御若く御座候条、御息様定めて御出来成らるべく候」というのも、本当の理由だったのかもしれない。養子にやったのはいいが、もし、あとになって島津家久に実子などが生まれると、あとあと面倒なことになると考えたのであろう。

一説には、元和三年（一六一七）、国松が十二歳のとき、信州小諸《こもろ》城十万石の城主となり、翌四年、甲斐一国を加封《かほう》されて城を甲府城に移したともいう。

このあたりの詳細はよくわからないことが多いが、遅くとも元和四年には、甲斐を領する二十五万石の大名となっていたことはたしかである。

元和四年は、国松は十三歳で、まだ元服していない。さきに紹介したように、この年の十月に、国松が江戸城の西の丸で鉄砲を撃ち、鴨《かも》をとって父秀忠にこっぴどくしかられたエピソードがあるので、甲府城主とはいっても、甲府には家臣を配置し、国松自らはまだ江戸城にいたものと思われる。

翌々六年（一六二〇）九月七日、兄竹千代と同じ日に元服し、忠長と名乗ることになったわけである。忠長という名前のもつ意味については、すでに触れたので、ここでは省略する。なお官位は、従四位下、参議兼右近衛権中将なので、これからしばらくの間、国松、すなわち徳川忠長は、「甲府宰《こうふさい》相《しょう》」の名前でよばれることになる。

忠長の甲府藩政がスタートしたといっても、忠長自身がまだ幼かったため、忠長の意向というよりは、父秀忠の意向によってことが運ばれていった。家老や側近の配置に、秀忠の意向が色濃くあらわれている。そのため、「幕府の御仕着せ人事」などともいわれているのである。

忠長には三人の附家老がつけられていた。鳥居《とりい》土佐守《とさのかみ》成次《なりつぐ》・朝倉《あさくら》筑後守《ちくごのかみ》宣正《のぶまさ》、それに屋代《やしろ》越中守《えっちゅうのかみ》秀正《ひでまさ》（のちに子の忠正《ただまさ》）である。その他、三枝《さいぐさ》土佐守《とさのかみ》昌吉《まさよし》・日向《ひなた》半兵衛《はんべえ》正之《まさゆき》らがいた。

鳥居成次は、関ヶ原の戦いの誘い水として戦われた伏見城の戦いで、城を死守して討死した鳥居元《もと》忠《ただ》の二男である。甲斐国都留《つる》郡に所領をもっていたため、そのまま忠長附きとなった。

朝倉宣正は、系図によると越前の戦国大名だった朝倉義景の一族ということになっている。宣正の弟は徳川頼宣に仕え、末裔《まつえい》は紀州藩の御旗奉行となって七百石を与えられている。

屋代秀正は、信濃の豪族村上氏の一族部将で、武田信玄・上杉景勝・徳川家康と転々とし、ついに、元和八年（一六二二）には信州小諸城の守りについている。なお、その子忠正は、『寛政《かんせい》重修《ちょうしゅう》諸家《しょか》譜《ふ》』巻第二三七に、

> 元和元年三月、甲斐国巨摩郡のうちにをいて四千石の地を賜ふ。この年また大坂に御出陣あるにより、父とおなじくしたがひたてまつり、五月七日みづから首二級を獲。家臣等も首五級をうちとりて献ぜしかば、御感をかうぶる。八年父とゝもに駿河大納言忠長卿に附属せられ、九年遺跡を継、さきの采地をあはせてすべて一万石を領し、そのゝち家老となる。

とあるように、やはり忠長の附家老となっていることが明らかである。なお、その他、家臣団としては、武田氏の遺臣であり地域武士団であった武川《むかわ》衆や津金《つがね》衆などが編成されている。

忠長、駿府城主となる

秀忠は、忠長がいつまでも二十五万石のままではかわいそうだと考えていた。元和五年（一六一九）七月に、それまで駿府《すんぷ》城主だった徳川頼宣が紀州和歌山に移っていったため、駿府城があいていることに目をつけた。秀忠が「忠長を駿府城に移そう」と考えたのがいつのことなのかはわからないが、頼宣の転封《てんぽう》後、駿府城に誰も入れなかったことから考えれば、転封直後にはそのような計画をもっていたのかもしれない。あるいは、ややうがった解釈をすれば、忠長を駿府城主とするために、頼宣を紀州和歌山に追いやったともとれよう。

忠長が、それまでの甲斐に、駿河・遠江二国の加増をうけ、五十万石の大名として駿府城の城主となることが決まったのは寛永元年（一六二四）八月十一日といわれている。これは、『徳川実紀』に、「甲斐中納言卿に駿河・遠江両国を加えられ、甲斐国をあわせて三ヵ国五十万石に封ぜらる。是より駿河の府城にあらしめる」とあることによって明らかである。

異説としては、『東武実録』が寛永元年八月二十日としているが、もしかしたら、加増の沙汰があったのが八月十一日で、忠長が駿府城に入ったのが八月二十日ということになるのかもしれない。もっとも、『藩翰譜《はんかんふ》』は寛永二年（一六二五）正月十一日のこととしており、およそ半年近くのずれがある。ここでは、『徳川実紀』の寛永元年八月十一日説をとっておこう。

ところで、駿府城主となった徳川忠長の石高についてもここで検討しておこう。諸書に、このときの石高を五十五万石とするものも少なくないからである。

それまでの甲斐に駿河と遠江が加増されたということなので、まず、この三ヵ国の石高を出してみよう。豊臣秀吉が全国的に行った太閤検地《たいこうけんち》の成果を集約した『慶長三年検地目録』（『大日本租税志』巻二五）によると、

甲斐　二十二万七千六百十六石
駿河　十五万石
遠江　二十五万五千百六十石

となり、合計で六十三万二千七百七十六石になる。したがって、甲斐・駿河・遠江の三ヵ国すべてでなかったことはいうまでもない。

寛永元年（一六二四）段階、駿河・遠江に配された大名を調べると、駿河には忠長以外にはなく、浜松城に高力忠房《こうりきただふさ》が三万石、掛川城《かけがわ》に朝倉宣正が二万六千石（忠長の附家老）、横須賀城に井上正就《いのうえまさなり》が

五万二千五百石とあり、これらを、さきの六十三万二千二百七十六石から引くと、五十二万四千二百七十六石となる。『徳川実紀』に、「三ヵ国五十万石」とあるのに近い。私は、忠長の石高は五十万石だったと考えている。

忠長の前に駿府城主だった徳川頼宣が、紀州和歌山に五十五万五千石で移っていったことが、忠長も五十五万石だったとみなされる根拠にされたのかもしれない。駿河は忠長による一ヵ国一円支配であったが、遠江はそうではなかったことに注意しておく必要があろう。

それにしても、駿府の城下町の人びとにしてみれば、再び五十万石級の大名を城主として迎えることができたわけで、しばらく沈滞ムードが続いていた空気は一掃され、城下町としての駿府がまた動き出したように感じたことと思われる。

駿府の町は、家康が大御所《おおごしょ》として駿府にいたころは、ドン・ロドリゴの『日本見聞録』によると十二万を数えていたという。江戸の人口がまだ十五万といわれたときの十二万なので、いかに大都市として発展していたかがうかがわれようというものである。

徳川頼宣、同忠長と、五十万石級の城下町となったとき、駿府にどのくらいの人口があったかは残念ながらわからない。のち、城代支配となったときには一万六千人から一万七千人の間を行ったりきたりしているので、五十万石級の大名の城下町時代は、四万～五万人ぐらいの人口を擁していたのかもしれない。

三代将軍家光の弟の城というわけで、城下の人びとも、そのことを誇りに思っていたであろう。忠長もそれにこたえようと、城下町の改造に着手しようとしていたようである。この点についてはあとで触れることにする。

寛永三年（一六二六）九月十九日、忠長は従二位・権大納言に昇進した。以後、人びとは忠長のことを駿河大納言と呼ぶようになったのである。

そのころのことだといわれているが、忠長は、「百万石に加増してほしい」とか、「大坂城の城主にしてほしい」とか要求しはじめたという。こうした言動が、忠長のおごりの気持のあらわれであり、蟄居《ちっきょ》、さらには自刃に追いこまれる要因になったといわれている。果たしてそうであろうか。

忠長が、「大坂城の城主になりたい」という希望をもったことは、将軍の弟としては、ある意味では当然のことではなかろうか。それを、「二十一歳の若さで権大納言に昇ったため、有頂天になり、兄家光をもないがしろにするようになった」ととらえるのはいかがなものだろうか。ただ、増長心のあらわれとみてよいかどうか。

歴史をみると、忠長の要求と同じようなケースは実際に存在し、忠長だけが全く理不尽な要求をもっていたわけではないということが明らかである。

一つの具体例を示そう。足利《あしかが》幕府の創始者足利尊氏《たかうじ》は、幕府そのものを京都に置いたが、その出先機関として鎌倉に鎌倉府というものを置いた。ちょうど、鎌倉時代に、幕府が鎌倉に置かれ、その出先機関としての六波羅探題《ろくはらたんだい》が京都に置かれたのと正反対の関係である。

足利尊氏は、自分が将軍でいる間は次男の義詮《よしあきら》を鎌倉府に置いている。これが鎌倉公方《くぼう》である。そして、将軍職を義詮に譲るとき、義詮を京都に呼びもどし、そのかわりに義詮の弟の基氏《もとうじ》を鎌倉に送りこんでいる。つまり、京都の将軍足利義詮と、鎌倉府の長官鎌倉公方の足利基氏とは兄弟だったのである。以後、将軍は義詮の系統が世襲し、鎌倉公方は基氏の系統が世襲し、この体制が、初期の室町幕府の屋台骨《やたいぼね》を支えていたのである。

忠長がこうした歴史を知っていたか知らなかったかは別として、忠長が「大坂城の城主になりたい」といい出しても、歴史的にみれば、決して分を越えた要求とみることはできない。とにかく、秀忠にしても、家光にしても、大坂城は特別な意味をもっていたからである。

甲府に蟄居させられる忠長

ここで一つ注目されるのは、あとで少し触れるが、家光が寛永六年（一六二九）に疱瘡《ほうそう》にかかったことである。このときはかなり重態になったらしく、大御所秀忠も万が一のことを考えていたようである。

家光には、この段階ではあとつぎの男子がいなかった。嫡男で、のちに四代将軍になる家綱が生まれるのは、これから十二年後の寛永十八年（一六四一）八月三日のことであった。

秀忠の脳裏《のうり》に、「万が一のときは、弟忠長をたてるしかあるまい」という迷いがよぎったとしても不思議はない。それほどまで、家光は成人しても病気がちだったのである。

このあと、秀忠の気持がどのようにゆれ動いたかは、今の私たちに知るすべはないが、三田村鳶魚《みたむらえんぎょ》氏の解釈は一考の価値があるように思われる。氏は、「忠長殺し」（『三田村鳶魚全集』第四巻）で次のように述べる。

ある時秀忠が――丁度十五日の夕方でありましたが、手水を使おうとして、月のほのぼのと上っているところに水を取り寄せると、その水の中に月がうつっている。秀忠が中へ手を入れると、うつっていた月影が二つになる。それを見て、天下は今二つに分れようとしている、それを割れぬようにするのは、自分次第のことであるが、世に心憂いものは天下取りの身の上である、と独言を言いながら涙をこぼされた。それから間もなく、駿河大納言忠長は甲府へ押し籠められた、という話があります。自分も人材論に傾いて、どうも長男はおぼつかない、末始終のことを思えば、賢い弟に継がせた方が、いいかも知れない、自分がそう思っていると、下々にもそういう考えがあるらしく、面倒なことを生じかけた、自分の一存で片付ければ済むようなものの、やはり胸に閊《つか》える、ここはどうしても家光を支持しなければならぬ、自分の心が動いた間に、忠長に勢力がついたので、そのためにひどい処置をとらなければならなくなった、自分がちょっと心を緩めたために、忠長に気の毒なことになりゆく。——秀忠はこういうふうに考えたのです。

三田村氏は、忠長を甲府に蟄居させたのは秀忠の意思だったという解釈をとっているのである。秀忠の勘気《かんき》をうけて蟄居を命ぜられたとする考え方も成り立つのではないかと考えられる。

この点でもう一つ注目されるのは、『駿河土産《みやげ》』に記されているエピソードである。同書では、年代をわざとぼかしているが、「その頃駿河殿の威勢つよく……」とあるところをみれば、五十万石の駿河大納言時代のことと思われる。そこに、

ある頃のことなりしが、茄子《なす》に穴を明て空をみれば、月二つ見ゆるとて、上下かゝる事を専らなせし事あり。御側の女房、公にもいささか御覧あるべしと申しければ、それ月二つありては天下治らず。月を二つにせんも一つにせんも、我心にありと仰られしは、いかなる事とも心得られざりしが、これもその頃駿河殿の威勢つよく、世には廃立の事もおはしまさん様に、流言せしほどの事なりしとぞ。

とあるが、さきの三田村氏の紹介するエピソードと類似していることに気がつく。「月を二つにせんも一つにせんも、我心にあり」というのは秀忠の本心だったのではなかろうか。駿河大納言忠長をそのままにしておくことは徳川政権の存続のためには危険であるという考え方をもっていたことがうかがわれる。

なお、三田村氏は、忠長が甲府に押し籠められたのを寛永七年（一六三〇）十一月とするが、翌八

年（一六三二）五月とすべきではなかろうか。四月とする説もある。

しかし、いかに秀忠とはいえ、五十万石の大名を、何の理由もなしに蟄居させることはできない。何か理由がなければならないが、では、その理由とは何だったのだろうか。

東京上野の寛永寺《かんえいじ》に、忠長から天海僧正に宛てられた書状が何通か残っている。忠長は、天海にとりなしを頼んで、蟄居を解いてもらおうと考えたわけであるが、その書状の中にある寛永八年十二月十六日付の書状と、翌寛永九年正月十一日付の書状に、理由らしきものがみえる。

十二月十六日付の書状は三ヵ条の条目となっているが、その第一条目に、「一、今度我等儀、煩故、召遣之者むざと中付重々罷違候儀、至二唯今一迷惑候事」とある。

「煩故」とあるのをどう解釈するかで考え方もちがってくるが、忠長が召遣《めしつかい》の者を殺したことについて弁解しているところをみれば、「煩」は、単なる病気ではなく、心神耗弱《しんしんこうじゃく》とか、あるいは心神喪失などの症状のときに、あやまって召遣の者を殺してしまったのかもしれない。秀忠が、このことをとりあげ、「乱心」という理由をつけて甲府に押し籠めたとみることができよう。

こうしたことから、忠長の乱行説というものが広く流布《るふ》し、それが世間にうけ入れられていくことになるわけであるが、世に伝えられる忠長の悪行の数々は、本当にあったことなのだろうか。以下、この点に焦点をしぼってみることにしよう。

忠長の乱行説は事実か

まず、忠長の乱行とか悪行とか不行跡《ふぎょうせき》といわれるものをあらいざらい書きあげてみよう。

(1)「召遣之者」をむざと殺したこと。

(2)駿府城の裏手にある浅間山の猿を殺したこと。

(3)「百万石に加増してほしい」といったこと。

(4)「大坂城主にしてほしい」といったこと。

私がつかんでいる範囲ではこの四つになる。このうち、(1)(3)(4)についてはすでに触れたところなので、(2)についてくわしくみておこう。

静岡に伝わる伝説では、忠長が浅間山の猿狩りをしたのは、ある年の五月十一日のことで、忠長は勢子《せこ》を山に入れ、千二百四十頭の猿を殺したという（飯塚伝太郎『史話と伝説』静岡篇）。浅間山とは現在の静岡浅間神社の背後にある賤機山《しずはたやま》のことをさしているが、山も神社の境内であった。今は静岡浅間神社と総称されているが、駿河惣社としての神部《かんべ》神社、富士新宮浅間神社、それに大歳御祖《おおとしみおや》神社の三つの神社からなる神域だったのである。

周知のように、寺社境内地は昔から殺生《せっしょう》禁断といわれていた。忠長はあえてそのタブーを破り、千二百四十頭もの猿を討ち捕ったわけである。

もっとも、現在の浅間山、すなわち賤機山をみると、その広さから推して、そこに千頭を越す猿が棲息《せいそく》していたことは考えられず、この浅間山を、富士本宮のある現在の富士宮の方の山とみる人もいる。あるいは、駿河でいっせいに猿狩りをさせたのかもしれない。

ところで、この忠長による猿狩りの一件は、伝説だけではなかった。徳川幕府の正史である『徳川実紀』にも正式な形で出てくるのである。場所は浅間山ではなく、駿府郊外の安養寺山という山であるが、同書の寛永七年（一六三〇）九月の項に、次のように記されている。

駿河大納言忠長卿封地にて城をいで、安養寺山の奥毬子《まりこ》といふ所にて猿を狩たまふ。江府の鎮守山王も猿をもて神獣とし、当国浅間の神も猿を神獣とし給ふよし申し伝はれば、この山中にて猿を殺事、むかしより大に忌所なりと、村老らなげきとゞむるといへども、更に用ひず狩せられしかば、国人等この卿の御行衛頼母しからず、いかゞおはしますべきと、爪弾してあざみける。

毬子というのは現在の静岡市丸子《まりこ》である。そのあたりには、戦国期の山城丸子城があったり、また、東海道の難所として知られる宇津谷峠《うつのやとうげ》があったりして、かなり山が深い。そこなら千頭余の猿を捕獲することができたかもしれない。

ここで注目されるのは、「浅間神社の神獣としての猿を丸子の奥の山で狩った」ということである。もしかしたら、このことが、伝えられるうちに、「浅間山の猿を狩った」ということになってしまったのかもしれない。それにしても、『徳川実紀』の書き方は、その後の忠長の将来を予言して、暗示的である。もっとも、『徳川実紀』を編纂《へんさん》した幕府の儒者《じゅしゃ》たちは、その後の忠長のたどった運命を知っているので、このような暗示する書き方になったことはまちがいないであろう。

殺生禁断のタブーを破ったのか、あるいは、「神獣であるから殺してはなりません」という村の長老たちの制止をふり切って猿狩りを強行したのか、浅間山か丸子の奥の山かによって若干ちがってくるわけであるが、それにしても、猿を千頭余殺すということは尋常ではない。この異常さというものが、従来は忠長の〝狂気〟と考えられてきたのである。しかし、果たしてそうなのだろうか。

私は、常々、歴史上の人物を扱っていて、特にその人物の評価となると、結果から色がぬられていく傾向があることを強く感じている。この忠長の場合だってそうである。なぜ、忠長が猿狩りを強行したのかについては一言も言及せず、「神獣である猿を殺したため、すぐたたりがあらわれ、気がふれたようになって乱暴をはたらくようになった」などといわれているのである。

忠長には、猿狩りをやらなければならなかった理由が何かあったのではないか。〝狂気〟で片づけてしまえば、その後の忠長の末路をうまく説明できるので、あえてその理由など考えられてはこなかったが、何かあったはずである。

もしかしたら、猿が里に下りてきて、農民たちの作った農作物を荒らしたのかもしれない。今でも、「野猿が出てきて農作物を荒らして困っている」といったニュースを耳にすることがあるが、神獣として恐れられていたとすればなおのこと、村人たちには手が出せないでいた。勧農《かんのう》という視点にたてば、農作物に被害を与える猿を捕獲することは善政である。

家光を正当なものとするために、ことさら忠長を悪者にしたてあげてしまう作為が、この背景にあったのではなかろうか。甲斐の戦国大名武田信虎が、子の信玄に追放されたときも、信玄の行為を正当化するため、父信虎は悪逆無道な男だったといわれてきた。しかし、その悪逆無道といわれるものの一つひとつを追っていくと、いずれも根拠のないものであることが明らかにされる（小和田哲男『武田信玄—知られざる実像—』）。豊臣秀吉に殺された関白秀次だってそうである。現在、知られている歴史の中には、支配者に都合のいいように書きかえられた歴史があまりにも多いのではなかろうか。

ところで、さきに紹介したように、忠長の悪行とか不行跡といわれるものを四つに整理してみたが、それ以外にもう一つ、どうしても悪行とか不行跡という範疇《はんちゅう》には含むことのできないものがある。しかもそれは、確実に忠長蟄居の要因とされていた。

これが大井川浮橋事件とよばれるものである。家光にしてみれば、さきの猿狩りよりもこちらの方を重視していたのかもしれない。

大井川には橋がかけられていなかった。これは、家康が命じてわざとかけさせなかったわけで、駿府城の西、つまり、駿府城からみて大坂城寄りの安倍川・大井川・天竜川の三つの川には、軍事上の理由から、安倍川・大井川は「自分越し」といって、浅瀬を探して渡る渡渉《としょう》の仕方が一般的で、天竜川は渡船制度であった。忠長が、その大井川に橋をかけてしまったのである。これを忠長の悪行・不行跡に数えるのは家光側の論理、というか、いいがかりであって、大井川に橋をかけたときの忠長には、もちろんそのような意識はない。

大井川に、忠長が浮橋といって、船を何艘もならべて、それを縄できつくしばり、ならべた船の上に板を渡す船橋をかけたのは寛永三年（一六二六）七月のことであった。

家光がこのとき上洛しており、東海道筋の大名は、それぞれ道を整備して、家光一行がスムーズに通行できるようとりはからっている。『徳川実紀』によれば、忠長も、「駿・遠は忠長卿しろしめす所なれば、殊更結構をつくされる中にも、さしも早瀬の大井川に浮橋をわたし、平地のごとく往来たやすくかまえらる。供奉《ぐぶ》のともがら上下ともに、忠長卿巧智を感ぜざるものなし」とあるように、家光一行が通行しやすいように、大井川に浮橋を渡している。

ここにみえるように、家光にお供をして上洛する侍《さむらい》たちはよろこんだ。それも無理あるまい。水にぬれずに渡れるというのだから、「忠長卿巧智に感ぜざるものなし」というのもあながち誇張した表現だったとは思えない。皆大よろこびで浮橋を渡った。

ところが、浮橋を渡りながら、ただ一人浮かぬ顔をしていたのが家光であった。前にも述べたように、「家康信仰」といってもいいほど家康をあがめていた家光である。家康が「大井川には橋をかけない」と決めたのが、忠長によって破られたわけで、その心の中は複雑だったと思われる。

家光が激怒したことは、やはり『徳川実紀』に、「それ箱根・大井の両険は、関東鎮護第一の要地なりと、神祖にも今の大御所にも常に仰せらる所に、かく浮橋を渡し、諸人往来の自由を得しむる事、言語道断の所為」といったという家光の言葉が載せられていることによっても明らかである。

家光にしてみれば、この大井川浮橋の一件は、ただ、忠長が家康の掟《おきて》を破ったというだけでなく、忠長の積極的な姿勢に危険なものを感じとっていったのではないかと考えられる。

この点でもう一つ注目される事件は、一花堂《いっかどう》寺領問題である。若林淳之氏は、寛永五年（一六二八）十一月五日付、忠長の家老朝倉宣正・鳥居成次の駿府一花堂宛の寺領安堵状（「長善寺文書」）の検討から、忠長が駿府城下の改造に着手し、そのため、家康の時代以来寺領安堵をうけてきた一花堂の寺領をとりあげ、そこを侍屋敷にする計画をもっていたこと、そして、とりあげられた寺領はしばらくそのままにされ、少したってあらためて替地が与えられたという事実を明らかにしている（「徳川忠長」『大名列伝』3悲劇篇）。

さきの大井川浮橋の一件といい、この一花堂寺領問題といい、忠長が非凡な政治力をもっていたことを示す。しかし、その非凡さはかえって裏目に出てしまったのである。家光と二歳しか年がちがわなかったということが決定的な要因であった。林亮勝氏は、「忠長が蟄居を命ぜられたのは、彼の非道な行為が問題となったとするよりも、その存在が将軍家の絶対権を侵す危険を含んでいた、と見る方が妥当である」（「徳川家光」『徳川将軍列伝』）とまとめている。卓見というべきだろう。

高崎で自刃させられる忠長

忠長の蟄居が秀忠夫人小督《こごう》、すなわち、家光・忠長兄弟の生母の死後であること、そして、忠長の自刃が、秀忠の死後であるという、このあたりの時間的関係は、忠長の死を考える場合みすごすことはできない。

時間的な流れを少し整理してみよう。小督の死は寛永三年（一六二六）九月十五日である。忠長は、その少し前に従二位・権大納言となり、駿河大納言と呼ばれるようになっているので、忠長を世子とすることはできなかったとはいえ、まず、将軍の弟として「御連枝《ごれんし》」の大名になったのをみて死んでいったということになる。

そして、さきにみたように、それから五年後の寛永八年（一六三一）五月（一説に四月）、忠長に甲府への蟄居が命ぜられているのである。蟄居の時点では、まだ五十万石の所領が没収されたわけではなかったので、忠長サイドでは、「父秀忠の勘気《かんき》がとければ、また駿府城に復帰できる」と考えていたようである。実際上はともかく、表向きは、秀忠の勘気をうけての蟄居だったのである。

忠長の蟄居を命じた秀忠は、翌九年（一六三二）正月二十四日に歿した。忠長の蟄居を解くことなく秀忠が死んでしまったことにより、忠長の生殺与奪《せいさつよだつ》の権は、家光が握ることになった。そして、家光は、忠長の蟄居を解こうとはしなかったのである。

これは考えてみれば当然のことで、忠長蟄居の本当の仕懸人《しかけにん》は、秀忠ではなく、家光サイドの人びとだったからである。もちろん、そこには、お福の意向も入っていたであろう。

その年の十月二十日、忠長は、あらためて上野《こうずけ》の高崎城に幽閉されることになった。高崎城主安藤右京進重長に預けられている。そして、同じ月の二十三日、忠長の駿河・遠江それに甲斐・信濃にあった五十万石の所領が没収されてしまったのである。ここで駿府藩五十万石は取りつぶされてしまった。

年が改まって寛永十年（一六三三）、十月ごろ、いよいよ家光は忠長を殺すことを決意したようである。阿部忠秋が使者となって安藤重長に「忠長を自刃させるように」という家光の命令を伝えさせている。

しかし、安藤重長は、忠長の日ごろの生活ぶりをみているので、なかなか自刃のことを忠長に勧告できないでいたようである。その間にも家光からは「早く自刃させろ」という矢の催促がある。

そこで、とうとう安藤重長も意を決し、忠長を幽閉していた屋敷のまわりに竹矢来《たけやらい》をくませたのである。

竹矢来をみた忠長は、すべてを察し、自刃して果てたという。寛永十年十二月六日のことであった。

忠長二十八歳という若い最期であった。城の近くの大信寺に葬られている。

こうして、家光―お福ラインは、最大のライバルであった忠長追い落としに成功したわけであるが、私は、忠長が世上いわれるような無軌道な、そして傲慢《ごうまん》な人物ではなく、すぐれた資質をもった武将であったととらえている。一つだけ、私がそう考える史料を提示し、補強しておきたい。

家光・忠長の弟保科正之《ほしなまさゆき》の伝記である『千とせのまつ』（内閣文庫所蔵）に、

……正光君兼々駿河大納言忠長卿へ、御父子之御名乗御取持被レ下度旨御願被レ申候ニ付、同年（嘉永六）九月、駿府より御対面被レ成度由被二仰越一候、正光君御同道ニ而駿府へ御出被レ遊候、御城へ御上り之時分、御座敷之内、所々之番壱人も出座無用と被二仰付一候故、今日之御客誰人ニ而加様に被二仰付一候哉と侍衆不審を立候処に、御帰之時には不レ残詰所々々へ罷出候様にと被二仰付一候由ニて、偖《さて》御帰之後、亜相公（忠長）御近習衆へ被二仰付一候は、幸松（正之）事ハ高遠之田舎育にて、万不調法ニ而可レ有レ之候間、当番之士共へゐ見候事は不レ入事とおもひ、初は皆々為レ退候へども、存之外なる事にて利発なる故、思し安堵せし故、帰之節ハ番士どもへ見せて被レ仰、御悦不レ浅由に候。

とみえるのがそれである。ここで、正光というのが保科正光で、幸松《ゆきまつ》とあるのが正之のことである。つまり、正之が、はじめて養父保科正光にともなわれて駿府城に忠長を訪ねたときのありさまが描写されている。

寛永六年（一六二九）九月、保科正光・正之父子を駿府城に迎えた忠長は、近習たちをさがらせ、自分だけで対面をした。高遠にいた正之が、十分行儀作法などを知らず、近習たちの前で恥をかかせまいとする気持があったからである。

しかし、会ってみて、予想に反して正之がしっかりしていたので、帰りには近習たちにも挨拶をさせたというのである。この一事をとってみても、忠長が暗愚《あんぐ》であったとか、傲慢であったとか、気が狂っていたというのが後世の人のでっちあげであったことが明らかであろう。

8　大奥の制度を作ったのはお福か

――後継の男子を得るために奔走するお福

江戸城内に女だけの世界

戦国時代の終わりごろから、各戦国大名の居城において、「表」と「奥」のけじめがはっきりつけられるようになってきた。政治むきのことが「表」でとり行われ、私的な、家族とのくつろぎの場が「奥」で行われたのである。つまり、現代流にいえば、公邸が「表」であり、私邸が「奥」であった。

家父長制的な家族制度が一世を風靡《ふうび》するようになるにつれ、家はその家父長の男子が継ぐということで、確実に自分の男子を生ませるためには、妻を「奥」にとじこめ、自分以外の男子との接触を絶つことが必要になる。「奥」という空間が生まれてきたのには、そうした背景があったのである。

男女の性的な隔離は、戦国大名が制定した戦国家法においてもいくつかみられ、たとえば、土佐の長宗我部元親《ちょうそかべもとちか》が制定し、俗に「長宗我部元親百箇状」などといわれる「長宗我部氏掟書」では、そ

の第三十四条で、

一、男留守之時、其家江座頭・商人・舞々・猿楽《さるがく》・猿遣《さるつかい》・諸勧進此類、或雖レ為二親類一、男一切
立入停止也、

と規定し、夫が不在のとき、妻は、仮にそれが親類であっても男であれば、家に入れてはならないとしている。男にしてみれば、生まれてくる子どもが、必ず自分の子どもであるためには、妻を、自分以外の男から隔離する必要があったからである。「奥」が生まれてきた根本的理由はこれであった。

ところで、大奥というのは、この「奥」の大きなもの、ということになるが、「奥」の大きなものすべてが大奥と呼ばれたわけではない。

よく、豊臣秀吉が築いた大坂城や伏見城にも大奥があったかのように書かれているが、厳密にいうと、大坂城にも伏見城にも、ましてや、ふつうの大名たちの居城には大奥というものは存在しない。大坂城の場合、「御奥」とはよばれているが、「大奥」とは出てこない。大奥は江戸城だけ、つまり、将軍だけの私的空間だったことが明らかである。

ところで、江戸城の本丸御殿の構造は、政庁としての「表」と、官邸としての「中奥」と、私邸としての「大奥」の三つに分かれていた。「表」は政務をとるところであり、「中奥」は将軍が寝起きするところである。ふつう、将軍は、寝るときにはいつも大奥に行っていたと思ってしまいがちであるが、大奥よりも、中奥で起居することの方が多かった。「表」と中奥には女性はおらず、将軍の身の

まわりの世話いっさいは、近習《きんじゅう》とか小姓《こしょう》が行っていた。

中奥と大奥の間は厳重に区切られ、御錠口《おじょうぐち》によって通行が制限されていた。御錠口を通り、御鈴廊下《ろうか》を渡って大奥に足をふみ入れることができたのは、男子は将軍だけであった。つまり、大奥は、将軍以外は男子禁制で、文字通り女だけの世界が形作られていたのである。

なお、前将軍、および将軍世子《せいし》の住む西の丸御殿や二の丸御殿にも大奥があり、ここも本丸御殿の大奥と同様、男子禁制であった。いずれも、各御殿の北側の一画を占めていたので「北御殿《きたのごてん》」とよばれることもあった。

江戸城の本丸御殿はしばしば焼けているので、大奥の広さも時代ごとに変わって一定してはいないが、たとえば、本丸御殿全体が一万千三百七十三坪（約三万七五三〇平方メートル）のとき、大奥は六千三百十八坪（約二万八五〇平方メートル）で、全体の半分以上を占めていたことが明らかである。それだけ、江戸城の中でも重視されていた空間であった。

では、大奥ができたのはいつのことだったのだろうか。『徳川実紀』によると、本丸に大奥の建物ができたのは、慶長十二年（一六〇七）、将軍秀忠の時代だったという。また、大奥の警備をつかさどる大奥留守居役が置かれたのが翌々十四年のことだというので、そのころ、しだいに大奥が独立したものとして成立しはじめたことがうかがわれる。

そのころ、すでに男は大奥に立ち入ることはおおっぴらにはできなかったようであるが、大奥の女中たちは「表」へ出てきて幕閣《ばっかく》と相談したりしているので、のちのような完全に遮断されるようなシステムではなかったことがわかる。たとえば、大道寺友山《だいどうじゆうざん》の『落穂集』をみると、「大猷公(家光)御代は末代のごとく、御本丸において奥表の隔てもなく、女中年寄役《としよりやく》の衆、御表へ出て、若年寄衆に向い、最早香の物無レ之候間、御申付可レ有など申したる趣味」と記されており、まだ、大奥からは女中たちが「表」に出てきていたことがわかる。

大奥から「表」への出入りがゆるやかだったことは、逆に「表」から大奥への出入りもゆるやかであったことを示している。風紀上好ましくないことも生まれはじめていたのではなかろうか。お福《ふく》が大奥を女だけの独立した空間に仕立てあげようとしたのは、そうした事情があったからであると思われる。

「大奥法度」の制定

家光は、将軍になった元和《げんな》九年(一六二三)、お福を大奥女中の取締りの役につけた。そのときの職名は御年寄《おとしより》といわれている。もっとも、これには異説もあって、元和九年段階には、秀忠の正室として、すなわち御台所《みだいどころ》である小督《こごう》がまだ大奥では実権をもっていたので、お福が権力をもつようになったのは、寛永三年(一六二六)の小督の死後であるという解釈もある。

このあたり、たしかな史料が意外と少なく、ある程度は推定していくしかないわけであるが、「大《おお》奥法度《おくはっと》」との関係でいうと、元和九年と解釈しても矛盾はないのではないかと思われる。

もっとも、この「大奥法度」についても、発布された年に二つの説があり、一つは、元和四年（一六一八）説（三田村鳶魚『三田村鳶魚全集』第一巻、桑田忠親『戦国おんな史談』その他）であり、一つは元和九年（一六二三）説（水江漣子『近世史のなかの女たち』、早乙女貢「春日局」『図説人物日本の女性史』6など）である。

しかし、この元和四年説・同九年説を、ただ相対立する考え方とみてしまうと、事態の本質を見失ってしまうおそれがある。宮本義己氏は、元和四年正月一日にまず最初の「大奥法度」が出て、五年後の同九年正月二十五日に、もう一度「改訂大奥法度」が出されていることを明らかにしているのである（「春日局―大奥に君臨した乳母―」『歴史読本』昭和六十二年新年号）。

元和四年正月一日の「大奥法度」の骨子《こつし》は、

(1)局から奥へ男子を入れてはならない。

(2)女は券がなければ、城門を出入りできない。

(3)夕方六つ時以後、門の出入りはできない。

(4)駈け込み者は、すぐに追い返す。

(5)命令に背く者があれば、すぐ上告すること。

(6)隠しだてすれば、その者も同罪である。

となっているが、改訂版ともいうべき元和九年正月二十五日の「大奥法度」では、

(1)新たな奉行として任命された竹尾俊勝・筧為春《かけい》・松田定勝の三名が交替で昼夜の勤務を行い、もし指揮に背く者があればただちにその旨を上告すること。

(2)券のない女は上下の身分にかかわりなく通行させない。夕方六つ時以後は券があっても通行させない。

(3)局から奥へは男子を入れてはならない。ただし、普請や掃除以下の御用の場合は、奉行三人が引率すること。

(4)僧社人は表厨所まで入り、そこで三奉行の指示を仰ぐこと。

(5)半井成信（驢庵）・今大路正紹（正寿院）・同親清（道三）の三医師の奥御殿出入りを認め、その他の医師に召しがあったときは、奉行の許可を得ること。

(6)大名衆の使者は前々から台所まで参った場合、寄付《よりつき》まで進んで三奉行に断わること。

(7)町人は後藤源左衛門と幸阿弥《こうあみ》の二人に限って台所への出入りを許し、その他の者は奉行の命に従うこと。

(8)駈け込みの婦女子は一切受けいれないこと。

(9)すべて奥より御用の事は、こだいぶ・おきゃきゃ・をくの三人の老女から仰せ出され、その上

で竹尾俊勝・筧為春・松田定勝が申し付ける。

とあり、かなり詳細な規定となっていることがわかる。

元和四年の最初の「大奥法度」にしても、元和九年の改訂版の「大奥法度」にしても、それをお福が制定したということはどこにも記されてはいない。しかし、そのころすでに大奥のことはお福がたばねていたことは事実であり、「大奥法度」の制定の主役は、やはりお福だったとみるのが自然であろう。『明良洪範《めいりようこうはん》』に、「都《すべ》て奥向の定法《じようほう》は、皆二位の局の制作なりとぞ」とあるのが一つの証拠になろう。二位の局というのはお福のことである。

たとえば、『春日局由緒』によると、大奥の女中と伊賀者《いがもの》とが密通するという事件がおこったとき、たまたまお福は江戸城を留守にしていたため、家光は男の方だけを成敗《せいばい》しただけで、女中の方の処分は、お福がもどるまで保留にされていた。これは、家光が、大奥のことはすべてお福にゆだねていたことを示すもので、いかに将軍とはいえ、家光も大奥の仕置《しおき》のことには口出しをできなかったことがうかがわれる。

その『春日局由緒』に年はわからないが、お福が「定法」をきめたという記述がある。

……女中の小袖裾を引あるくを見て、末々迄も咎《とがめ》られ、女の衣類は、下直にては出来ぬものぞ、白小袖など、色うるみたるは見苦しく、殊に、御目通に出るものが、穢《よご》れたる処を、裾を引たる儘《まま》にて、御座鋪《ざしき》へ出らるゝは、其身冥加《みようが》も宜しからず、成丈《なるたけ》引上げて、いかにもかひ〴〵敷こそ取廻さるべし。我等が夫は浪人にて居たれば、足袋《たび》と言もの、自身さして、しつけてはかせしぞ。女は何と言にも、物縫言ならず、綿摘むことならざるは、手づつと言ふて嫌ふ事ぞ。又化粧し髪結事、夜明てするものにあらず。寝貌《ねがお》はすさまじき物なるを、朝寝して人に見られたるこそ恥敷事《はずかしきこと》なれ、勤め奉公する身に限らず、夫を持つ家に居ても、女は夜の明ぬうちに形づくる物ぞ。御前御奉公寝番以下、ひら詰には成まじきとて、隔番に勤らるゝ様に定めて、呉服の女中は身をあらため、針の数を究めて渡し、呉服の間へ出る女中迄、此二位局ぞ定法を究められける。

ここに「二位局」とあるのがさきにもみたようにお福のことであるが、お福が大奥の最高の実力者であったことをうかがうに十分であろう。

なお、『武野燭談《ぶやしょくだん》』巻之五によると、お福が江戸城大奥だけでなく、諸大名の奥向にまで権限を行使していたことがわかる。ただ、わずかに、「此御代には、諸侯伯の息女を大奥の広座敷迄召され、春日局立出で、夫《そ》れ〲の縁組を申渡されけるを、春日局亡くなり給ひて後は、御寮人達の登城は止みにけり」とほんの数行の記述しかみられないわけであるが、大奥に大名たちの娘を呼びつけ、「お前はここ、お前はここ」と、嫁入り先を指示していたことがわかる。絶大な権力といわねばならない。

ところで、さきにお福の大奥における身分を御年寄と記したわけであるが、大奥にはどのような女たちがおり、どのような職制になっていたのかをまず明らかにしておこう。

家光の場合、あとで述べるように、正室は京都から公家の娘を迎えており、このことが先例となって、そのあとの歴代将軍は皆その例を踏襲《とうしゅう》している。

正室、すなわち御台所に付いているのが上臈《じょうろう》である。歴代の御台所が公家の出身であり、上臈は、京都からついてきた。形の上ではこれが最高職であった。以下、御年寄・御客会釈《あしらい》・御中臈・御錠口・表使・御坊主・御小姓・御次・御右筆《ゆうひつ》・御切手・呉服之間・御三之間・御仲居・御火の番・御使番・御端下《はした》などの職制にわかれる。

家光のときの奥女中たちの人数はわからないが、たとえば、寛政年間（一七八九～一八〇一）の「公方様女中分限帳」によると左の表のごとくなり、百七十二人となっていたことがわかる。

しかし、この数が大奥の女たちのすべてではない。これはあくまで将軍付きの女中の数で、その他、

職　　名	人数
上臈年寄	3人
御年寄	3
御客会釈	5
御客会釈同格	3
御中臈	6
御錠口	3
表使	5
御右筆頭	2
御次頭	1
御右筆	7
御錠口介	3
御次	12
御切手書	3
呉服之間頭	1
御広座敷頭	1
御三之間頭	1
呉服之間	10
御坊主	4
御広座敷	10
御三之間	9
御末頭	3
同格御使番頭	2
御仲居	4
御火の番	15
御使番	12
御端下	44

大奥の職制（人数は寛政年間の「公方様女中分限帳」による）

若君付きとか姫君付きの女中たちもおり、また、上臈とか御年寄・御中﨟クラスになると、自分たちの、つまり私的な「又者《またもの》」とよばれる女の使用人をかなり抱えていたので、もちろん、時代によって数の増減はあるが、千五百人ぐらいの女たちがいた計算になることだけはたしかである。

お福は、その頂点にたって、大奥を女だけの世界に作りあげていったわけである。

ちなみに、この表で、御三之間以上がいわゆる「御目見《おめみえ》」以上であった。

大奥の建物は、大きく、御殿・長局・御広敷の三つに区分され、御殿には、御台所が日常使用する御休息の間とか、御化粧の間とか蔦《つた》の間などがあった。この蔦の間というのが寝所である。長局は、四十間余（約七二メートル）もある長い廊下に沿って多数の御女中部屋が並んでいるところで、御広敷は、どちらかといえば大奥と中奥の中間的なところであった。

家光の正室は関白鷹司信房の娘

『幕府祚胤伝』をみると、家光の御台所のところには、次のように記されている。

　御台所
　　鷹司関白左大臣法音院と号す、信房公姫君。
　慶長七年壬寅五月一本に七月、誕生す。

元和九年癸亥十二月廿日、西の丸へ御入輿。
寛永元年甲子十二月十日、御本丸へ御移徙御祝言あり。
同二年乙丑八月九日、御婚礼、即日御台所と称す。御年廿四御二増、年有りて、中之丸様と称し奉る。
吹上御園内に御殿を造り、
これに依り中の丸と称す。

つまり、家光の正室は、京都の関白《かんぱく》鷹司《たかつかさ》信房《のぶふさ》の姫で、彼女は慶長七年（一六〇二）の生まれで、家光より二歳年上であった。要するに姉さん女房だったのである。名を孝子という。

元和九年（一六二三）十二月二十日、孝子は江戸城に入ったが、そのまま西の丸に入っている。これは、当時、秀忠が本丸にいたからであろう。秀忠は将軍職を子家光に譲ったあとも、しばらく本丸におり、政務をとっていたからである。

しかし、ここで疑問に思うのは、家光と孝子がなぜすぐに結婚しなかったかということである。ようやく、寛永元年（一六二四）十一月に、秀忠が西の丸に移ったので、それにかわって家光が本丸に入り、十二月十日に、祝言が行われている。

もっとも、婚礼があって、孝子が御台所となるのは、翌二年の八月九日ということなので、祝言と婚礼とはちがうものだったというのであろう。この年、家光は二十二歳、孝子は二十四歳であった。二十二歳で江戸城に迎えておきながら、二十四歳の寛永二年まで待たせたのはなぜだったのだろうか。

二十四歳といえば、当時としては大年増といわれる年齢である。これは、お福の意向が多分に働いていたとみなければならない。

秀忠の意向だったのか、あるいは秀忠夫人小督の意向だったのかもしれない。もちろん、お福の独自の考えだったとみることもできるが、「徳川家の世継は公家の子であってはならない」という信念をもっていたようである。そうであれば、何も正室を京都から迎えなくてもよさそうなものであるが、正室だけは、飾りとして京都から迎えることを常としたというのだから始末が悪い。

若くして嫁ぎながら、将軍の寵愛《ちようあい》をうけることもなく、大奥という女だけの異常な世界で一生を送るという、考えてみれば、これほど不幸な生き方もないと思われる。

くわしくは、あとで慶光院《きようこういん》のところでくわしくみる予定であるが、正室の孝子の場合も、妊娠をとどめられているふしがある。

家光・孝子夫妻に子どもができなかった理由を、『以貴《いき》小伝』は、「琴瑟《きんしつ》のあひやはらかせ給はぬ故も侍りしにや、御子などもおはせず……」としている。家光が孝子を嫌っていたからだとする。

また、よくいわれているのは、公家の娘たちが、上品ではあるがかぼそく、なよなよして子を産める体に発育していなかったという点である。たしかに、そうしたことも一つの理由にはなっていたであろうが、『以貴小伝』は、さらに続けて注目すべきことを記している。

厳有院《げんゆういん》御所の御嫡母にてをはすべかりしに、御腹めさぬよし見えたり。是等故ある事なるべし。

としていることである。厳有院御所というのは四代将軍家綱《いえつな》のことで、家光の嫡男《ちゃくなん》である。孝子が妊娠しなかったことは、何か理由があったことを匂わせている。おそらく、お福によって、妊娠をとどめられていたのであろう。

これだけの文章から結論づけてしまうのは早計であるが、含みのある文章の裏を読んでいくことも必要なのではあるまいか。

なお、孝子は、さきの『幕府祚胤伝』に記されているように、数年して家光とは別居し、中の丸に屋敷を構えてそこで生活をしたため、中の丸殿と呼ばれることになった。慶安四年（一六五一）四月二十日、家光が歿するとともに落飾《らくしょく》し、本理院殿と称し、延宝二年（一六七四）六月八日、七十三歳でなくなっている。

家光と孝子の夫婦仲がよくなかったのは、ただ、性格の不一致などというものではなかった。二十二歳のころの家光は、まだ、女性に興味を示さなかったのである。これは、おそらく、乳母としてのお福に育てられたことと無関係ではないと思われるが、女性を愛するという感覚が欠如していたと考えられる。

その一つの情況証拠として指摘できるのは、家光が男色《だんしょく》の傾向にあったという点である。男が男を愛す男色は、わが国では戦国時代にかなり一般化していたのである。

家光の寵童として名前があげられているのは、堀田正盛・酒井重澄・水野成貞らであるが、その他、

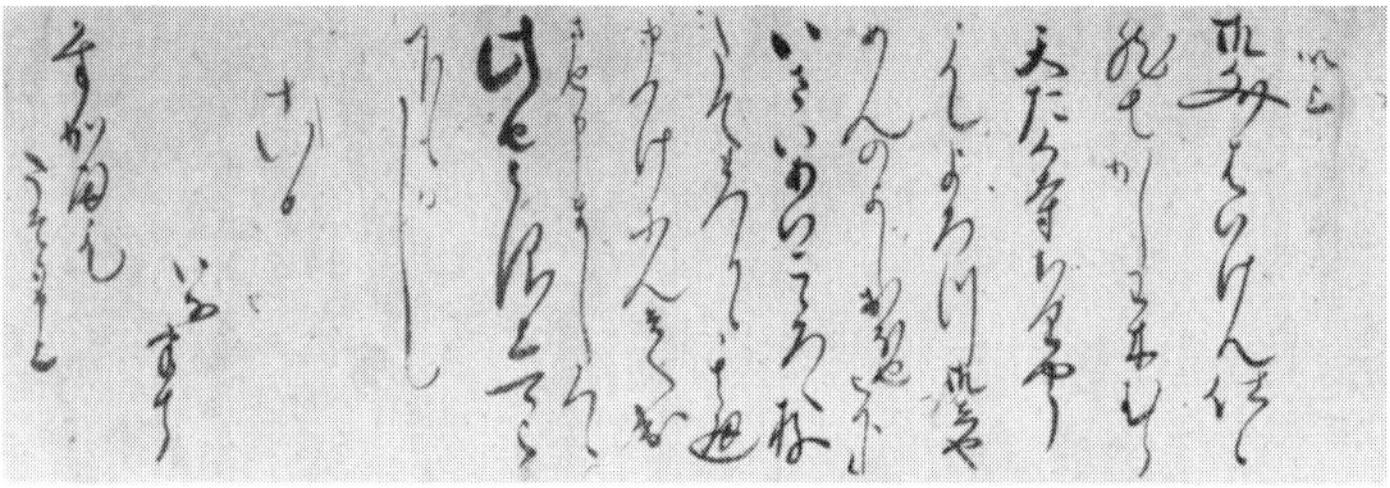

春日局宛の書簡（麟祥院所蔵　東京都）

合わせて十人くらいはいたのではないかといわれている。

その内の一人、坂部五左衛門が家光によって斬り殺されたことは、すでに紹介したが、ここで、そのいきさつについて、もう少しくわしくみておくことにしよう。坂部五左衛門というのは、坂部左五右衛門の子で、家光の寵童となっていた。『寛明間記《かんめいかんき》』に、

（坂部五左衛門は）家光公御若年の御時より御傍に召仕はれ、無双の出頭人なり。然に家光公へ恋慕し奉り、衆道の御知音也。家光公十六歳の御時、或日、御風呂に入らしめ給ふ。五左衛門、小風呂の内にして、御小姓衆に抱付き戯る。然るを御上覧ありて、御上り場に於て、御手討に遊ばさる。是主君を犯し奉る天罰なるべし

とあるが、家光十六歳のときというから、元和五年（一六一九）のこととなる。主君である家光を正義としているので、坂部五左衛門が家光に「恋慕」したとか、主君家光を「犯し」たとかの表現になっているが、実際のところは、寵童だった坂部五左衛門が、風呂で他の小姓と戯れているのをみて逆上し、嫉妬心から殺してしまったというのが本当のところであろう。

まだ、家光が十代の間は、お福もそう焦りはしなかったと思われる。ところが、二十代になって結婚しても、男色の傾向はなおらなかったようである。さすがのお福も焦り出した。女性に見向きをしないようでは子どもができない。

お福は、越後の上杉謙信が、生涯妻を娶《めと》らず、そのため実子がなく、養子の景勝に家督を譲っていたことは知っていたはずである。「このまま寵童にばかりうつつをぬかしていたのではあとつぎがいなくなる」と真剣に考えはじめた。「これは」と思う女をみつけてきては側室にしようと世話をするのだが、家光は女の方には見向きもしなかったのである。

困り果てたお福を、心ならずも救うことになったのが、のちにお万の方となる伊勢慶光院の尼であった。

伊勢慶光院の尼を還俗させる

お万の方は、京都の公家六条有純《ろくじょうありずみ》の娘として生まれたが、寛永十三年（一六三六）、伊勢の慶光院という尼寺に入った。伊勢内宮の寺で、格式は高く、その院主は門跡と同様、紫衣《しえ》を賜ったほどである。

彼女が慶光院に入って三年後、十七代の院主となったが、代替りのたびに将軍に挨拶《あいさつ》するのがならわしとなっていたため、彼女も寛永十六年（一六三九）三月、江戸城に登城している。

このときの年齢を『柳営婦女伝系《りゅうえいふじょでんけい》』は十九歳とし、『幕府祚胤伝』は十六歳とするが、どちらが正しいのかはわからない。

接見した家光は、慶光院の美しさに心を奪われてしまった。いわゆる「一目惚れ」というのであろう。尼僧姿のボーイッシュなところが男色傾向にあった家光の好みにマッチしたためかもしれない。

それを察したお福が勧めたのか、あるいは家光の方からの要求であったのかはわからないが、お福にしてみれば、それまで女に見向きもしなかった家光が、女に関心を示したことで、「この機会をうまくつかめば、女を愛する方向にもっていくことができるかもしれない」と考えた。

お福は慶光院を口説《くど》いて江戸城にとどまらせ、やがて還俗《げんぞく》させて、家光の側室にしてしまったのである。将軍家の威光をバックにした力の口説きおとしに、院主の地位など問題ではなかった。その間のいきさつを、『柳営婦女伝系』は、

於万の方の素生は、二条の末葉冷泉《れいぜい》家《け》の一族にて、五条宰相藤原有純卿の息女なり。(六)斯に勢州度会郡宇治郷内宮社僧慶光院比丘尼といふ清僧、昔時始め内宮建立ありしより社僧として、今に至るまで諸人内宮へも参宮すと也。代々尼寺にして慶光院と称す。禅比丘尼常紫衣御朱印寺なり。其後慶光院、大神宮遷宮料勧化執行に上京ありしに、比神徳によって当寺相続の為に、公家より慶光院の後住として、六条宰相有純卿の息女を弟子に送らる。十六歳にして慶光院へ入院、三年

の内に継目の御礼として江戸に来り、将軍家光公へ始て御目見あり。此人世に勝れたる容色たるに依て、大猷公江戸に留置れて還俗させられ、於万の方と改められ、有髪の形と成す。然れども老中の内意あって懐胎を禁ずる故に、御君達の儲ることなし。

と伝えている。

ここで注目されるのは一番最後の部分である。老中たちの内意によって、懐胎《かいたい》が禁止されていたとする部分は、重要なことを物語っている。『将軍外戚伝』も、ほぼ同文ながら、「……十六歳の時、慶光院に入院し、継目の御礼として江戸に来り、将軍家光公へ始て御目見す。此人世に勝れたる美女に付、家光公、江戸に留置し、還俗させられ、於万と改め、有髪の形と成て侍二枕席一、然れども老中より内証有て懐胎を禁ずる故、御君達はなし」と記している。

お福は、慶光院、すなわち、お万の方によって、それまでの家光の男色癖がなおるのではないかと考えた。そして、その希望通り、家光はお万の方を寵愛し、女に目ざめていったのである。

それはそれで首尾よくことが運んだということになるが、同時にもう一つ、問題をかかえこむ形となってしまった。それは、彼女が京都の公家六条有純の娘だったからである。正室の孝子の場合と同様、あとつぎの男子が京都の公家の娘から生まれることを何とか阻止したいと考えたのである。つまり、お福はもとより、幕閣の中枢部《ちゆうすうぶ》は、京都の公家を徳川将軍家の外戚とすることを何とか避けなければと思っていた。

公家の血が将軍家に入ることは、対朝廷、対公家政策上、好ましいことではなかったからである。それにしても、家光を男色から足を洗わせる手段としてお万の方を利用しながら、お万の方には子どもを産ませないという、将軍家の御都合主義のやり方に腹もたつが、お福にしてみれば、「何とか家光にあとつぎの男子を」ということで必死だったわけである。

では、「懐胎を禁ずる」とは、具体的にはどのような方法で行われていたのだろうか。一つは、受胎そのものをセーブする避妊であるが、これはあまりあてにならない。灸《きゅう》による避妊法があったといわれるが、このころ、どの程度普及していたかわからないし、また、どの程度の効果があったかもわからないからである。

よく、蚕卵紙《さんらんし》（蚕の種子紙）の、蚕が孵化《ふか》したあとの卵の殻《から》を集め、それを焼いて飲むと妊娠しないといわれるが、これなどは、どの程度おまじないの域を出たものか疑問である。

となると、妊娠してしまったものを途中で中絶する堕胎《だたい》か、産んですぐ殺す間引《まび》きしかないことになり、江戸時代の農村では間引きが一般的であったが、江戸城大奥では、薬物を使った堕胎の方が盛んに行われていたようである。

江戸の町では、家光の時代にすでに「子おろし薬」が公然と売られていた徴証があり、「朔日丸」・「自由丸」、さらには「月水早流し」といった名前で売買されていたという（高橋梵仙《ぼんせん》『堕胎間引の研究』）。毒を使ったものといわれているので、母体に危険をともなったことはいうまでもないが、お福はひそかに正室の孝子、側室のお万の方にこうした「子おろし薬」を服用させていたものと思われる。
このときの薬を避妊薬とみるむきもあるが（中谷孝雄『日本女性史』）、避妊薬ではなく、「子おろし薬」であろう。

浅草でみつけたお蘭を側室に

お万の方によって、男色から足を洗い、女性に関心をもつようになったといわれているが、実は、その前にもう一人、側室がいた。お振《ふり》の方である。このお振の方が、寛永十四年（一六三七）に、家光の長女千代姫を産んでいる。家光はこうして、三十四歳ではじめて自分の子を抱くことができたのである。

しかし、生まれた子が女だったことで、お福はまた焦り出した。「とにかく、早いこと世継の男子を得ておかなければ大変なことになる」という思いは日々つのっていったのである。

お福は、あるとき浅草の浅草寺《せんそうじ》に参詣したことがあったが、古着屋の店先で遊んでいた女の子に目を奪われてしまった。顔だちがお万の方に似ているのである。「お万の方に心を奪われた将軍なので、この子も寵愛するにちがいない」と思い、早速、その子の名前、父母、生い立ち、係累などを調べさせた。

名はお蘭《らん》ということがわかった。母は古河《こが》藩主永井尚政の女中頭までやったことのある紫という女性である。そこまではいい。ところが、実父は、禁猟である鶴を捕獲したかどで処刑されていることがわかった。罪人の娘なのである。母の紫が七沢作左衛門清宗というもと永井家家臣と再婚し、七沢清宗が武士を捨て、江戸で古着屋を営んでいることまでつかんだのである。

ふつうならば、「罪人の子が将軍の子を産むなんて……」と考えるところであるが、このときのお福の考え方はちがっていた。女の血統などは関係ない。あくまで側室は子どもを産むための道具であるとわり切っていた。前に少し述べたが、戦国時代から江戸時代にかけては、「腹は借りもの」という考え方が主流となっていた。極端ないい方をすれば、将軍の側室になれる資格は何もなかった。ただ女でありさえすればよかったのである。もっとも、「腹は借りもの」というからには、公家の娘が将軍の子を産んでもよさそうなものであるが、その一線はくずしていない。幕府側の御都合主義の論理であったことはまちがいない。秀吉が側室に名家の子女ばかりを望み、そのためあととりの男子を得るのに苦労したのとくらべると、徳川将軍家には、むしろ雑草的なたくましさのようなことを感ずるのは、そうした背景があったからである。

しかし、いかにお福であっても、実父は罪人、養父は古着屋というのではばかりがあると感じ、永井尚政の娘分ということにして大奥に引き取っている。

お蘭が大奥に上って、すぐ家光の寵愛を得たというわけではなかった。お福はとりあえず行儀見習いなどをさせた上で、ころあいをみて家光に勧めるつもりで、お蘭を呉服の間勤めとしている。お蘭が家光の目にとまるきっかけについておもしろい話が伝えられている。

大奥では年一回、女中たちが歌ったり踊ったりしてすごす無礼講《ぶれいこう》があった。そのとき、お蘭は、故郷下総《しもうさ》国猿島《さしま》郡鹿麻《しかま》村（現在地は不明）の麦搗《むぎつき》歌を歌い、歌いながら表情豊かに踊ったのである。その踊り方がおもしろく、また、歌詞もおもしろかったというので、女中たちは大笑いであった。

その笑い声に誘われて、家光がのぞくと、まん中で歌い、踊っている女が、初恋の人ともいうべきお万の方に似ているのでびっくりし、早速、部屋にもどってお福に「あの女を夜伽《よとぎ》に」と要求したというのである。

こうしてお蘭は家光の御手付中﨟となり、名をお楽の方と改めている。彼女が寛永十八年（一六四一）八月三日、家光の長男で、四代将軍となる家綱を産んでいるのである。お楽の方が家光の長男を産んだということで、彼女の一族はみな出世するが、なかでも弟の弁之助は、名を増山弾正忠正利と改め、のちに常陸《ひたち》の国下館《しもだて》二万三千石の大名にとりたてられている。将軍の子を産めば、まさに玉の輿《こし》であった。

ついでなので、ここでその後の家光の側室たちについても触れておこう。

家光の二男綱重を産んだのはお夏の方で、彼女は家光の正室孝子の縁で大奥に勤めることになったという。もとは京都の町人岡部弥一郎の娘である。大奥では奥女中の職制としては一番身分の低い御《お》末《すえ》であったが、御末の役だったことの一つが御湯殿役だった。すなわち、湯を運んだり垢《あか》をかいたりする係である。お夏の方は、そこで家光の手がつき、妊娠し、産んだのが綱重だったというわけである。

綱重は、のち甲府二十五万石を領し、甲府宰相と呼ばれたが、病弱で、延宝六年（一六七八）に死んでしまった。長生きしていれば、順序としては五代将軍になれるところにいたのである。

さて、次がお玉の方である。京都の八百屋仁左衛門の娘で、彼女はお万の方の縁で大奥に上ったといわれている。はじめはお万の方の部屋子であったが、やがてお福の目にとまり、家光の寵愛をうけるようになった。

家光との間に、正保二年（一六四五）二月二十九日に生まれた亀松、翌三年正月八日に生まれた徳松という二人の男の子があった。このように年子で子を産んでいるところからも、家光の寵愛の深さを察することができる。

ところで、亀松の方は正保四年（一六四七）にわずか三歳で早世してしまったが、徳松の方は成長した。これが綱吉である。はじめ上野《こうずけ》館林《たてばやし》二十五万石の大名として、館林宰相と呼ばれていたが、延宝八年（一六八〇）五月八日に四代将軍家綱がなくなったとき、家綱には子がなく、また、兄の綱重も死んでしまっていたので、四男ながら、五代将軍となった。

なお、お玉の方は家光歿後、落飾《らくしょく》して桂昌院と号したが、将軍綱吉の生母ということで、お福なきあとの大奥を代表する女性となっている。

その他、家光の五男鶴松を産んだお里佐の方、さらに、お琴の方という側室があり、一説に、お玉の方が産んだという三男の亀松は、おまさの方という側室が産んだともいわれ、そうなると、家光の側室は八人いたという計算になる。

9 徳川和子の入内——政治に利用された家光の妹

幕府と朝廷との関係

お福《ふく》が幕藩体制史の上で、というか、日本近世史の上で、いかなる歴史的な役割を果たしたのかをみる場合、寛永六年（一六二九）十月の上洛《じょうらく》は、かなり大きな意味をもっている。ただ、それだけをみてもわかりにくいので、ここでは、その前史を明らかにしておくことにしよう。

まずはっきりさせておかなければならないのは、朝廷《ちょうてい》と幕府との関係が、どのように推移していったのかという点である。

徳川幕府の成立過程は、同時に、幕府が朝廷より上位に立つものであることをはっきりさせる過程でもあった。このことはすでに家康の在世中にあらわれており、後陽成《ごようぜい》天皇から後水尾《ごみずのお》天皇への譲位の背景にすでにそのことははっきりとあらわれていた。

というのは、後陽成天皇の第一皇子良仁親王が、すでに秀吉の在世中に皇太子として予定されていたが、秀吉死後、良仁親王は仁和寺《にんなじ》に入れられ、かわって第三皇子政仁《ことひと》親王がそのあとにすえられているとこに明らかである。秀吉サイドだった良仁親王がきらわれ、秀吉色の全くない政仁親王が浮上したわけで、家康からの何らかの圧力があったことが考えられる。

後陽成天皇は、はじめ弟の八条宮智仁《としひと》親王に譲位するつもりであったといわれる。しかし、この八条宮は、かつて秀吉の養子になっていたこともあり、家康は、この八条宮をやはり秀吉サイドの人間とみて、譲位に難色を示していた。すでに、これらのことから、家康の意向が天皇の譲位問題にかなり影響を与えていたことがわかる。

結局、政仁親王が慶長十六年（一六一一）十六歳で即位した。これが後水尾天皇である。

後水尾天皇を即位させたあたりから、家康は将軍秀忠の娘を入内させることを構想しはじめたものと思われる。それが実現すれば、源頼朝が鎌倉に幕府を開いて以来はじめてのこととなる。天皇の外《がい》戚《せき》となり、思うままに朝廷をあやつることを考えたのである。

さきに私は、家光の側室のところで、「腹は借りもの」という考え方を紹介し、「血筋は男だけが継承する」という意識があったことをみたが、この場合は明らかに、徳川の血が天皇家に入るということを計算していることがわかる。矛盾する考え方といわねばならないが、当の本人たちは、さして矛盾とは考えていなかったらしい。

さて、天皇の女御《にょうご》として候補にあがったのは秀忠の末娘和子《まさこ》であった。和子は慶長十二年（一六〇七）十月四日の生まれで、天皇即位の年はまだ五歳にしかすぎず、入内《じゆだい》というわけにはいかなかったのであろう。秀忠のその他の娘たちは、長女の千姫が豊臣秀頼に嫁ぎ、二女子々《ねね》姫は前田利常に嫁ぎ、三女の勝姫は松平忠直に嫁ぎ、四女の初姫も京極《きようごく》忠高に嫁いでしまっており、家康としてみれば、〝持駒〟は末娘の和子しかいなかったのである。慶長十九年（一六一四）に入内の宣下がおりている。

ところが、家康が、「和子がもう少し大きくなってから」と思っている間、大坂の陣がおこり、さらに、家康本人が死んでしまったため、家康が生きている間に、徳川家が天皇家の外戚になるという夢は消えてしまった。その方針はしかし秀忠にうけつがれていく。元和《げんな》三年（一六一七）に後陽成院が死んだため、結局、のびのびになって、いよいよ、元和四年に入内ということで決まりかけた。

ところが、ここにまた一つ問題がおきているのである。後水尾天皇が、四辻公遠《よつつじきんとお》の娘、於四御寮人《およつごりようにん》とよばれる女性に、皇子賀茂宮と皇女梅宮という二人の子を産ませていることが発覚したためである。秀忠は、「わが姫を嫁がせるというのに何たる不始末」と怒って、和子の入内を一方的に延期させているのである。

もっとも、この時期、朝幕間の不協和音の理由はもう一つあり、さきに元和元年（一六一五）七月に制定した「禁中並公家諸法度《きんちゆうならびにくげしよはつと》」不履行の事件がもち上がっており、この二つのトラブルによって、秀忠が強圧的な態度に出たことが明らかである。

この幕府側の対応に怒ったのが後水尾天皇だった。一方的に婚儀が延期され、その上寵愛していた於四御寮人が宮中から追放されたため、怒り、「譲位する」といい出したのである。

これには今度は秀忠側がびっくりする。後水尾天皇に譲位されてしまっては、「天皇の外戚になる」という家康以来の計画が水泡に帰してしまうからである。今度は幕府側が天皇側をなだめる立場になり、ようやく、天皇の不品行の責任を近臣の前大納言万里小路《までのこうじ》充房《みつふさ》らに負わせ、充房らを流罪《るざい》にし、また、「禁中並公家諸法度」に違約して幕府の承認なしに勧修寺《かじゅうじ》兼勝《かねかつ》が内大臣に就任してしまった件は、兼勝を辞職させることで一件落着となった。

こうしたごたごたがあった上で、ようやく元和六年（一六二〇）六月十八日、和子は女御の宣下をうけて入内したのである。

幕府の威信をかけての入内だったので、とにかく盛大な花嫁行列であった。入内のために幕府が費やした費用は、石高にして七十万石分に達したというのだから、いかに豪華なものだったかが想像されよう。

もっとも、この入内そのものも決してスムーズにいったわけではない。いくつかのトラブルがあった。

一つは、関白九条忠栄《ただなが》の扈従《こじゅう》の件である。幕府側からは、「女御和子の入内の行列には関白を扈従させよ」という申し入れがあった。しかし、天皇はいったんこれを拒否している。天皇側のいい分は、「女御の入内に関白が扈従したためしはない」というところにあった。「関白の位は高く、たかが女御ごときの行列には従うわけにはいかない」という論理である。

それに対し幕府側は、「ならば、今回だけとして、これを先例にしなければいい」と反論している。力と力のぶつかりあいで、結局は天皇側が折れ、関白九条忠栄は行列に扈従しているのである。

もう一つのトラブルは、幕府から派遣された武士を宮中に入れるか入れないかでもめたことがある。

このとき、女御御殿の警備にあたるということで、秀忠は腹心の天野豊前《ぶぜん》守長信以下、与力《よりき》二十騎、同心百人を宮中に送りこみ、宮中に常駐する態勢をつくってしまった。考えようによっては、これは、幕府の情報収集本部ともいうべきもので、当然、天皇側では拒否しようとしたが、拒みきれず、宮中に幕府の武士が常駐することになってしまったのである。これが、和子を宮中に送りこんだ幕府側の目的の一つとなっていたことは明らかであろう。京都所司代より、さらに宮中に近く、というか、宮中そのものに監視する場所を設置した形となる。

幕府から朝廷に送りこまれた和子

こうした情況をみて、公家《くげ》の中には、「江戸の隠密《おんみつ》が禁裏《きんり》のまん中に御殿を建てた」といって露骨に口にするものもあったが、仲間うちだけで不満をいいあうだけで、公然と幕府のやり方を批判する者はいなかった。

和子の輿入れのときにもう一つエピソードがある。このとき、和子の供は総勢五千人といわれ、おびただしい数の嫁入り道具を運搬する人夫だけでも千人に達したというが、京都御所《ごしょ》に入る段階では、藤堂高虎《とうどうたかとら》が警固の責任を勤めていた。

行列が門を入ろうとしたとき、出迎えにきていた宮中の老女たちが、「ここで私たちに会釈《えしゃく》されるのが例である」といって御簾《みす》をあけさせようとした。藤堂高虎は、「そのようなことは武家の輿入れの作法にはない」といってつっぱねたが、老女たちは「先例だから」といってなかなか中へ入れようとしない。

事実、そうした先例があったのかもしれないが、このときは、徳川家に対するいやがらせと、和子に、宮中での作法《さほう》に従わせようという魂胆《こんたん》があったことは明らかである。高虎は「ここが正念場《しょうねんば》」と思っていたので、ついに刀に手をかけ、「武家には武家の作法がある。それでもとがめだてするなら覚悟がある」と叫んで、本当に切りかかる勢いをみせたため、老女たちは顔面蒼白《そうはく》となってあとずさりしたという。

藤堂高虎はおそらく将軍秀忠にいい含められていたと思われるが、武家のルールを押し通すための芝居であったような気もする。とにかく、幕府の威信《いしん》をかけた婚礼であり、和子は将軍によって朝廷にうちこまれたくさびだったのである。

この年、後水尾天皇は二十五歳、和子は十四歳であるが、力関係の上では、完全に和子が上の結婚であった。そのことは、財力の点からもたしかめることができる。

というのは、それまで、天皇の石高はわずか一万石にすぎなかった。一万石といえば、譜代《ふだい》大名の中でも一番石高が低いクラスである。つまり、生活は一万石大名並でありながら、地位だけは高いというのが、このころの天皇の実態だったのである。和子の入内によって一万石加増され、ようやく二万石となった程度だった。ところが、それに対し、和子の方は、なんと、化粧料として十万石が与えられていたのである。財力の点においても和子の方が天皇を圧する形となっていた。

和子が入内して三年後の元和九年（一六二三）、はじめての子が生まれた。将軍秀忠をはじめ徳川家の人びとは男子が生まれることを望んでいた。しかし、生まれたのは女の子であった。興子《おきこ》内親王である。これが、のちに明正《めいしょう》天皇になるわけだが、そのいきさつについてはあとで述べよう。

興子内親王を産んだ翌年、すなわち寛永元年（一六二四）、和子は女御から中宮《ちゅうぐう》となっている。事実上の皇后冊立《さくりつ》ということで、幕府側も、和子送りこみ作戦が成功しつつあることに満足の形であった。

その後、和子は、二人の皇子と四人の皇女を産んでいる。つまり、全部で二皇子五皇女を産んだ計算である。これだけをみると、天皇との仲が睦《むつ》まじかったとの印象をうけるが、決してそうではなかった。

まず、寛永三年（一六二六）十二月に生まれた第一皇子の高仁《たかひと》親王、寛永五年（一六二八）九月に生まれた第二皇子（光融院）ともに早世《そうせい》していることである。第一皇子は三歳、第二皇子にいたっては誕生直後の夭折《ようせつ》である。

当時、朝廷では怨霊《おんりよう》のたたりといわれたようであるがそうではあるまい。皇女が育ち、二人の皇子が早世しているのは、天皇に武家の血が入るのを嫌った朝廷側の何らかの意向が働いていたとみるのが自然であろう。天皇自身も、和子との間に生まれた皇子に譲位するのは本意ではなかったと考えられるからである。

それともう一つ、和子が天皇の子を産み続けている間、天皇には他の女性に子を産ませていないことをどう考えるかである。ふつうには、このことが二人の仲睦まじかったことのあかしであるとするが、果たしてそうであろうか。

秀忠が和子を後水尾天皇のもとに送りこんだのは、その二人から生まれた子どもを天皇にさせるのが目的であった。したがって、天皇が他の女性に子どもを産ませ、それが皇子であり、譲位されてしまっては元も子もなくなってしまう。そこで、天皇の寵愛《ちようあい》をうけた女性が妊娠しても、幕府側の意向によって堕胎《だたい》させられていたことが考えられる。ちょうど江戸城で、公家の娘が将軍の子どもを産まないように調節させられていたのと正反対に、京都の宮中では、天皇の寵愛をうけた女性が子どもを産まないように調節させられていたのである。この点は、『細川家記』の記載によって事実と考えていい。

ちなみに、御水尾天皇が明正天皇に譲位したあと、天皇は二十七人の皇子皇女を作っているが、これは、幕府側が、もはや天皇の皇子を殺す必要がなくなったことのあらわれであろう。

紫衣事件とその処分

さて、朝幕間の緊張した状況を物語るもう一つの事件がいわゆる紫衣《しえ》事件である。紫衣というのは、読んで字のごとく、僧侶が着る紫色の衣《ころも》であるが、これは、特に高僧に対し、天皇が与えたもので、もちろん、紫衣を着ることが許されるかわりに、当該僧侶は禁裏に官米上納《じょうのう》を行っており、これが朝廷の収入としてかなり重要なものとなっていたのである。そのため、天皇の生活が逼迫《ひっぱく》してきたころ、紫衣を濫発《らんぱつ》する傾向が生じてきていたのは事実であった。

すでに、幕府は、元和元年（一六一五）七月十七日に発布した「禁中並公家諸法度」の第十六条・第十七条で、紫衣の寺住職のことと上人《しょうにん》号のことをとりあげ、その濫発をいましめていた。

ところが、さきにみたような朝廷側の事情により、後水尾天皇は、幕府に相談なく、紫衣着用の勅《ちょく》許《きょ》を十数人の僧侶に与えてしまったのである。僧録司金地院崇伝《そうろくしこんちいんすうでん》の告発によってこの事実が明るみに出たが、こおどりしたのは秀忠と家光であった。朝廷を「ぎゃふん」といわせる恰好《かっこう》の口実がみつかったのである。

寛永四年（一六二七）、幕府は朝廷に対し、紫衣や上人号の勅許がみだりに行われていることを指摘し、元和以降の勅許を取り消すよう要求した。それに対し、朝廷では、「一度出した天皇の綸旨《りんじ》を撤回することはできない」と抗議しているが、力のちがいはもはやどうすることもできなかった。『細川家記』に、「或衣をはがれ被ㇾ成㆓御流㆒候へば、口宣一度に七、八十枚もやぶれ申候。主上此上之御恥可ㇾ有ㇾ之哉との儀……」とあるように、紫衣は剝奪《はくだつ》されることになった。

このとき、幕府の処置に抵抗したのは朝廷よりも、むしろ当の僧侶たちであった。特に頑強《がんきょう》に抵抗したのは臨済宗の僧侶で、大徳寺・妙心寺の僧たちが中心であった。これには理由があり、幕府は寺院を統制するため、「諸宗諸寺法度《しょしゅうしょじはっと》」を定めていたが、大徳寺と妙心寺に対しては、特別に「大徳寺法度」と「妙心寺法度」を定めていたからである。

「大徳寺法度」と「妙心寺法度」の第二条には次のように記されている。

> 参禅修行は善知識につき、三十年綿密工夫を費し、千七百則の話頭《わとう》（公案《こうあん》）了畢《りょうひつ》の上、諸老の門を遍歴し、普《あまね》く請益《しんえき》を遂げ、真諦《しんたい》・俗諦を成就《じょうじゅ》し、出世衆望《しゅぼう》の時、諸知識の連署を以て言上される者に於いて、開堂入院を許可すべし。近年猥《みだ》りに綸帖を申し降《くだ》し、或は僧臘《そうろう》高からず、或は修業未熟の衆、出世せしむるに依り、啻《ただ》に官寺を汚すのみにあらず、多くの衆人の嘲《あざけ》りを蒙《こう》むること、甚《はなは》だ仏制《ぶつせい》に違《たが》う。向後其の企つる者あらば、永く其身を追却すべき事。

この「大徳寺法度」・「妙心寺法度」にかみついたのが大徳寺の沢庵《たくあん》と玉室《ぎょくしつ》、それに妙心寺の単伝《たんでん》と東源《とうげん》の四人であった。彼らのいい分は、「いかに昔の高僧とはいえ、字義通りに三十年、千七百則を実行した者はいない」というところにあった。年数だけ積んでも悟《さと》りを開けない者もあったろうし、わずか数年の修行でも知識を身につける者があったであろうことを考えると、この四人の僧の訴えは当然のことであったと考えられる。

しかし、幕府がこの時期、紫衣勅許の濫発を問題にしたのは、何もそうした高度な論争をしようとしていたわけではなく、ただ、朝廷に対する打撃の一つとしてこの問題を考えていたのであり、幕府が朝廷の権限を制馭《せいぎょ》する一つのきっかけにしようとしていたにすぎなかったのである。

寛永六年（一六二九）六月二十六日、幕府は沢庵を出羽上山《でわかみのやま》に、玉室を陸奥棚倉《むつたなくら》に、単伝を出羽由利に、東源を陸奥津軽《つがる》に流している。

これら一連の動きをひっくるめて紫衣事件と呼んでいるわけであるが、この事件が、後水尾天皇の退位の一つの原因となったことは事実である。天皇の退位については、またあとで触れることにしよう。

なお、紫衣事件そのものの歴史的意義については、深谷克己氏が「領主権力と武家『官位』」（『講座日本近世史』1幕藩制国家の成立）において注目すべき見解を示している。急所の部分を引用しておこう。

寛永期は、朝幕確執というかたちできわだった事件がおこった時期であり、周知のように一六二九年、勅許紫衣事件につづいて後水尾天皇が興子内親王に譲位している。紫衣は官位そのものではないが、教権勢力の序列にかかわることであり、朝廷収入の問題でもあった。しかし、確執の根本は「寺」家支配をめぐる公家と武家の争いであり、その結果は「武」の勝利であり、それは幕藩制国家の宗教支配の必要からくることであった。幕藩制国家の宗教的性格は、このような世俗的な中央権力による宗教勢力支配というかたちで示されたのである。

ここで、公家・武家・寺家と出てくるが、これが中世の三つの権門《けんもん》で、寺家支配をめぐる公家・武家の争いによって、武家が勝利したという視点は大切である。幕府権力が天皇を公儀にとりこむ一つの過程であった。

秀忠・家光の上洛

幕府権力が天皇を公儀にとりこんでいく過程としてもう一つ指摘されるのが寛永三年（一六二六）六月の秀忠、八月の家光の上洛であろう。

このときの上洛の目的は、後水尾天皇を二条城に迎えることにあった。天正十六年（一五八八）四月に、関白豊臣秀吉が後陽成天皇を京都の聚楽第《じゅらくてい》に迎えたのと同じである。秀吉のときのを聚楽行幸とよぶのに対し、このときのを二条行幸とよんでいる。

一見すると同じようなものであるが、中味を少しくわしくみると、大きなちがいが二つあることに気がつく。一つは、天皇に中宮和子がつき従っているということである。しかもそれは秀忠の実の娘だという点である。

それともう一つ、むしろ、意味としてはこちらの方が重要かもしれないが、聚楽行幸のときは、秀吉自身が御所まで出迎えに行っているのに対し、二条行幸のときには、将軍家光は迎えに行っているが、大御所秀忠は二条城で天皇がくるのを待っていたという事実である。

このちがいは、今の私たちが考えている以上に大きなものがあったのではなかろうか。政権としての豊臣政権の脆弱《ぜいじやく》性に対し、徳川政権の優位をこれほど雄弁に物語るものはないように考えられる。

さて、金地院崇伝の著わした『寛永行幸記』によると、後水尾天皇の二条行幸は九月六日から九日までで、七日は舞楽《ぶがく》、八日は和歌と管弦、九日は能楽《のうがく》が演じられているが、天皇だけでなく、それに従って二条城を訪ずれた公家たちの食器がすべて金と銀製だったという。これは明らかに、財力のちがいをみせつける演出であろう。

このことは、幕府から朝廷に贈られた進物《しんもつ》にもはっきりとあらわれていた。将軍家光から天皇へは、白銀五万両、御服三百五十領などが与えられており、大御所秀忠から天皇へは、黄金二千両、白銀二万五千両、御服二百領などという莫大な量の進物が用意されていたのである（『玉露叢』）。

なお、家光はこのあと、寛永十一年（一六三四）にも上洛しているが、これを最後として、それ以降、上洛するということはなかった。家光だけではなく、それ以後の将軍は一度も上洛していない。もはや、上洛が必要ない関係になっていたからであった。

疱瘡にかかる家光と看病するお福

寛永六年（一六二九）二月、家光は疱瘡《ほうそう》にかかった。疱瘡とは、すでにみたように天然痘のことであり、当時としては命とりにもなった病気である。事実、家光はこのとき、重態に陥っている。将軍になって、まさにこれからというときに死んでしまっては、お福としても、何のためにこれまで養育したかがわからなくなる。とにかく、お福は必死の思いで看病にあたった。『春日局由緒』は、年が一年ちがっているが、このときの模様をつぎのように伝えている。

寛永五（実は六年）戊辰年、家光御年二十五、御疱瘡以の外なる時、二位局、東照宮神前に詣で、唯今公御疱瘡、薬力尽きて、事究らせ給ふ。天下の将軍に任ぜらるべき大事の御身也。妾身は元穢れ、不浄甚しと申せども、妾が乳味を奉たれば、願くば御身替りに立参らせんと、丹誠をこらしめて、此願ひ成就して、御全快ましまさば、我身煩ひ申て病苦仕るべし。其時医療を加へず、湯薬を咽にいれまじきとの宿願を立しに、神威有けるか、忠誠の至極、天の甘露《かんろ》となりけるか、俄に御疱の色御直り、山を上げてより、する〳〵と御順快なさしめ給ふ。天下の悦にてぞありける。其後命を天に待しかども、神の助や有けん。局悩むことなかりし。

文中、まだ将軍に任じられていないような書きぶりではあるが、すでにみた通り、家光は元和九年（一六二三）に将軍となっているので、このあたりの記述はまちがいである。しかし、ここで注目しておきたいのは、このとき、お福が、病気平癒《へいゆ》を神に祈り、そのときの願かけとして、「薬絶ち」をしたことであろう。

『春日局譜略』も、「家光公二十五歳（実は二十六歳）、疱瘡を患らいて危うし。春日局神に禱りて曰く、家光公良薬を得、其の効を得ば、則ち我一生の間服薬すべからず」と、お福の「薬絶ち」を伝えている。お福が晩年、薬を用いずに歿していったということとあわせ考えると、このときの「薬絶ち」は事実だったのであろう。

将軍であるから、天下の名医が集められたであろう。金地院崇伝は、早速、五山《ござん》に命じて祈禱《きとう》をさせている。朝廷でも諸社寺に病気平癒の祈禱をさせており、見舞いとして持明院中将基定を派遣したりしていた。

なお、さきに一部引用した『東照大権現祝詞《だいごんげんしゆくし》』にも、この疱瘡のときのことが記されている。『東照大権現祝詞』は、寛永十七年（一六四〇）八月、お福が日光東照宮に参拝したとき神前に納めたもので、現在は国の重要文化財の指定をうけている。そこに、

……君御ほうそうあそばし候とき、ふしぎの御れいむあり。君の御まくら神（枕上）に、大ごんげんさま（権現様）

見へたまふ御かげ、あらたに、たしかに、はい《（拝）》したてまつりたまいて、すみやかに御ほんふく《（本服）》あり……

と記されているのである。さきの『春日局由緒』にあるように、お福は家光の病平癒を東照宮に祈っており、この『東照大権現祝詞』はそれとの関連でみていくと興味深い。

家光が病中、夢の中で自分の枕もとに権現様、すなわち家康が立ったという、その日から病気がよくなったとする。

ここでは、その事実がどうであったのかではなく、こうしたことが、家光の家康信仰をさらに助長させたという点を指摘しておきたい。家康は、神となって、まさに東照大権現となって家光の一命を救ったのである。この「事実」は、お福の口から多くの人に伝えられたであろう。その意味では、お福は家康の神格化に一役も二役もかっていることになる。おそらくこの「事実」は、歴代将軍家に代々語りつがれることになったであろう。

10　上洛して春日局の称号——家光を育てあげた六十五年の生涯

お福の上洛と強引な参内

家光が疱瘡《ほうそう》にかかり、かなり危険な状況になったとき、お福《ふく》は東照大権現《ごんげん》に病気平癒《へいゆ》の願かけをするとともに、伊勢神宮にも願かけをしていた。そこで、病気がなおったところで、伊勢神宮へのお礼の宮参りが行われることになったのである。もちろん、病気がなおった直後の家光本人は伊勢までの長旅は無理だったので、代参としてお福を遣《つか》わすことになった。お福が伊勢神宮にお参りしたのが寛永六年（一六二九）八月二十一日のことである。

しかし、このとき、お福は参宮がすんでもそのまま江戸にはもどらず、京都に向っている。伊勢参宮のついでに京都にたちより、後水尾《ごみずのお》天皇の中宮《ちゆうぐう》になっている家光の妹に挨拶《あいさつ》をするというのが表向きの目的であった。たしかに、家光の病気が重くなったとき、朝廷でも病気平癒の祈禱を諸社寺に行わせており、見舞いとして持明院中将基定が江戸まできていたので、それに対するお礼をいいにきたという側面があったことは事実である。

お福上洛《じょうらく》の真のねらいは、紫衣事件でぎくしゃくしはじめた朝幕関係を何とか修復しようということにあったのではなかろうか。このときのお福の上洛についてはいくつかの解釈があり、たとえば、原田伴彦氏は、紫衣事件によって、幕府により自らの権威を冒《おか》され、自由を束縛されることに不満を抱いていた後水尾天皇に対し、天皇の怒りに油を注ぐように、まさに天皇の神経を逆なでするような形でお福を送りこんだのは、天皇の退位をみこした幕府側の計算によるものだとする（『江戸時代の歴史』）。

それまで、幕府の圧力に対し、我慢《がまん》に我慢を重ねてきた天皇が、ついに、お福の強引な参内《さんだい》に腹を立て、それまでのたび重なる鬱憤《うっぷん》を爆発させ、譲位してしまった（大石慎三郎『江戸時代』）とうけとめる研究者は多い。

しかし、それに対し、むしろ、お福の上洛は、「譲位したい」ともらしていた天皇の気持を察した幕府が、将軍にかわってお福を遣わし、幕府のそれまでの非をわびさせ、譲位を思いとどまるよう説得させる「特派大使」だったという解釈もある（和歌森太郎・山本藤枝『日本の女性史』3近世）。たしかに、天皇が女一宮、すなわち、中宮和子の生んだ興子《おきこ》内親王に譲位したいという意向は、すでに、この前年、寛永五年十月に生まれた皇子が早世《そうせい》したときから抱き続けていたことは事実で、一時の怒りにまかせ、カッとなって譲位を決意したとみるのは早計であろう（小野信二「幕府と天皇」『岩波講座日本歴史』近世2)。

『孝亮宿禰日次記』の寛永六年五月十九日条によると、後水尾天皇はそのころ痔病《じびょう》だったことがうかがわれ、痔の治療法としては、当時は灸《きゅう》が一番だったが、灸の治療をすれば、「玉体《ぎょくたい》」に傷がつくというわけで、天皇在位のままでは痔の治療もままならない状態だった。

つまり、天皇は、健康上の理由からも退位を早くしたいという思いを抱いていたことが明らかである。

したがって、これらのことを総合すると、大御所《おおごしょ》秀忠、将軍家光が、伊勢神宮にお参りした帰り、わざわざ遠まわりさせてお福を上洛させたのは、朝幕関係に妙なしこりを残さないため、天皇の退位を一応慰留《いりゅう》するというポーズをとるためのものであったことがわかる。

私は、はじめから家光が、天皇の神経をわざと逆なでさせるためにお福を送ったとは考えない。「一度は慰留したが、ききとどけてもらえなかった」という既成事実作りのための上洛だったのではなかろうか。

それにしても、お福の上洛は、京都の公家《くげ》たちにしてみれば異例なこと、という以上に異常事態であった。何といっても、参内をし、天皇に謁見《えつけん》をしたいといって要求してきたお福が、無位無官だったということである。

幕府の内部では、将軍家光の乳母であり、大奥総取締りということで華々しい位置にあったお福も、朝廷では何の意味ももっていなかったのである。朝廷にしてみれば、お福は関東の武士の一侍婢《じひ》にしかみえない。

幕府では、お福を武家伝奏である三条西実条の猶妹ということにして、強引に参内させている。猶妹は猶子と同じで、猶子が「猶、子のごとし」という意味だったのと同様、猶妹は、「猶、妹のごとし」で、妹分としての扱いをうけて、参内を強行させているのである。

お福は九月十二日に、中宮和子に挨拶をしている。このとき、幕府からの贈物として黄金五十枚、越前綿百把などを献上している。

そして、いよいよ十月十日、天皇に謁見し、天盃をうけているのである。これは、伝統を重んずる公家たちにしてみれば、まさに許しがたいことだった。そのため、西洞院時慶《にしのとういんときよし》の『時慶卿記《ときよしきようき》』の寛永六年十月十日条をみると、「希代ノ儀也」とみえ、また、土御門泰重《つちみかどやすしげ》の『泰重卿記』の同日条には、「無二勿体一事候、帝道民ノ塗炭ニ落候事候」とあり、幕府のやり方を批判する言葉が露骨《ろこつ》にあらわれている。これら公家たちの日記のはしばしからも、朝廷側の人びとの憤懣やるかたのない様子が伝わってくる。

さて、ここまで、本書において私はお福という名前で通してきたが、いよいよ、このとき、天皇から春日局《かすがのつぼね》という名前を与えられた。名前というより、厳密にいえば称号である。では、春日局という名称はどこからきたものなのであろうか。

一説には、足利《あしかが》三代将軍の義満の乳母が時の天皇からもらった名前が「春日局」だったということで、このとき、幕府から朝廷に対して要求したものだという。この説でいけば、春日局という名前には、それなりの意味と由緒《ゆいしょ》があったということになる。

しかし、これとは全く逆に、マイナス・イメージとして春日局という名を天皇が与えたという解釈もある。たとえば、江村専斎の著わした『老人雑話』には、

慈照院殿の時、春日の局と云女あり。彼が所為にて、応仁の乱起り天下騒動す。近来の春日局の号ハ是を考すして然る歟。

という短い文章があり、これによれば、慈照院殿、すなわち足利義政のとき春日局という女がおり、この義政のときに応仁の乱がおこったという歴史的事実から、天皇は、このことを意識してあえて春日局という名を与えたとする解釈を示している。

これはたしかに考え方としてはおもしろい。天皇の将軍家光に対する一種のいやがらせとみれるからである。

しかし、水江漣子氏は、むしろ、春日局という名は平安時代以来、宮廷の女房の名として続いていたらしいことを重視し、天皇に仕えて親王や内親王の母になっていることから、「阿福ができるだけ近くまで朝廷に接近して、宮廷文化の伝統を身につけその地位を高く印象づけるために、幕府から求めた称号であったかもしれない」(『近世史のなかの女たち』)という解釈をしている。ここらが妥当な

考え方かもしれない。

八百六十年ぶりの女帝

お福改め春日局の形ばかりの慰留によって後水尾天皇が譲位の意思をひっこめるはずはなかった。幕府では、そのあたりを十分計算した上で春日局を上洛させたのである。

結局、天皇はその年の十一月八日、三十四歳で、和子との間に生まれた長女の女一の宮、すなわち興子内親王に譲位することになった。この以前に、将軍家光、大御所秀忠とも事前の連絡はとっているので、幕府としては決して突然のできごとではない。幕府側の史料がいかにも突然のできごとのように記しているのはゼスチャーであろう。

ところで、興子内親王はこのとき、わずか七歳である。幼帝は他にも例があることなので驚かなくても、やはり、女帝だったということは異例だったといっていい。

さきにもみたように、後水尾天皇と和子との間には二人の皇子が生まれたが、その二人とも早世《そうせい》してしまっており、和子の産んだ子どもを天皇にすべく仕むけられていた朝廷としては、奈良時代の称《しょう》徳《とく》天皇以来、八百六十年にわたって絶えていた女帝を復活せざるをえなかったのである。

幕府の強引なやり方に対する反発も後水尾天皇の気持の中にはあったはずである。気性《きしょう》のはげしかった天皇が、紫衣事件、春日局の参内など、幕府が強引なやり方で動いてきたことに対し、怒りにまかせて譲位してしまったと解していいのだろうか。この点はもう少し検討してみる余地があるのではないかと思われる。

というのは、後水尾天皇に、天皇なりの計算があったと思われるからである。具体的にみると、大御所秀忠・将軍家光から、「和子の産んだ子を天皇にせよ」という形での圧力はかなりあったはずであるが、むしろ天皇は、その要求をのむ形にして、別な方向を考えていたとみられる。別な方向というのは院政の復活である。

譲位と同時に院執事別当《しつじべっとう》・院執権・院御厩《みまや》別当を任命していることが院政を開こうという意思のあったことの証拠である。しかも、「禁中《きんちゅう》並《ならびに》公家《くげ》諸法度《しょはっと》」の院の規定には服装のことしか書かれておらず、後水尾天皇は、「禁中並公家諸法度」を逆手にとって、平安末〜鎌倉期の院政復活をはかろうとしたのではないかと考えられる（朝尾直弘「幕藩制と天皇」『大系日本国家史』3近世）。

院政は、後白河法皇とか、鳥羽《とば》上皇とかの例に明らかなように、天皇より実権をもった政治形態として知られている。ちょうど、現職の将軍より、将軍位を退いて大御所になった方が実質的な力をもっていたようなものである。

しかし、客観的にみて、このときの勝負は幕府側の勝ちとみていい。幕府は機先を制し、「後陽成天皇のときの例にならうように」との命令を出しているからである。

ところで、後水尾天皇（譲位後は上皇）の歌集として『後水尾院御集』というのがあるが、その中に、

御位をゆつらせ給ふ時

思ふ事なきたにやすく背世に

あはれすてゝもおしからぬ身を

という歌や、

題不レ知

蘆原やしげらばしげれ荻薄

とても道ある世にすまばこそ

という歌が収められているが、前掲小野信二氏の解釈によると、「世を厭《いと》い世捨人《よすてびと》の境地を一貫してもち続けているような風である」ということになる。幕府との複雑な抗争に疲れ、早いところ自由な身になりたいという世捨人願望があったことも事実であろう。

さきにも述べたように、後水尾天皇は、在位中は幕府の干渉によって、和子以外の女との間にできた子どもは、生まれてすぐ殺されたり、流産させられていたが、退位後、自由の身になって五人の女に二十七人の皇子皇女をたて続けに産ませていることからも明らかである。

八百六十年ぶりの女帝明正《めいしょう》天皇の即位の式は翌寛永七年（一六三〇）九月十二日に行われたが、幕府の威信をかけた盛大なもので、費用いっさいは幕府がもっている。

江戸からは酒井忠世と土井利勝の二人の老中が上洛して参賀しており、財政難等を理由にしばらく廃絶していた典礼儀式の復活がはかられている。しかし、これを、幕府の朝廷に対する好意のあらわれとみることはできない。むしろ、朝廷をそうした典礼儀式の世界にとじこめてしまおうという幕府側の意図をみる必要があるように思われる。

これ以後、江戸時代を通じて、天皇の機能は、改元・改暦、それに官位授与の三つにしぼられていくのである。

衣装狂いの和子

後水尾天皇の退位とともに、中宮和子は東福門院《とうふくもんいん》と称されることになった。東福門院となったあとの彼女の地位というものも、なかなか複雑であった。

というのは、たしかに、現職の明正天皇の実の母であることはまちがいないが、朝廷においては、実の母だからといって特に権力が付与されていたわけではない。また、後水尾院との関係ということも問題になる。

後水尾院は、もちろん自分の身体のことも一つの理由ではあったが、退位に追いこまれた主な理由は、幕府からの圧迫があったからである。したがって、幕府から送りこまれた和子との夫婦仲がいいわけはなく、次第に冷めた関係になっていったことが考えられる。しかも、明正天皇が即位した以上、幕府から彼女に与えられた任務も終ったとみていい。極端ないい方をすれば、和子は、明正天皇の即位と同時に、〝御用済み〟の身となったのである。

寛永六年（一六二九）といえば、和子はまだ二十三歳であった。彼女が歿するのは、延宝六年（一六七八）のことで、七十二歳のことなので、その後、およそ五十年を、彼女はどう生きたのだろうか。どう考えても、利用されて、つまり、求められて生きた期間よりも、〝御用済み〟となって、あまり存在価値がない形で生きた期間の方が長いのである。

しかし、こうした分け方は主観的なものかもしれない。彼女の身になってみれば、利用されていたときよりも、幕府から不必要と思われていたときの方が、はるかに人間らしい、思うままの生き方をしたとみることもできる。どっちが幸せだったのかという判断はむずかしいのではなかろうか。

この点で注目されるのは、彼女の一生をどうみるのかということで、全く相異なる考え方が出されていることである。

一つの考え方は、「夫からも生家からも見捨てられたこの不幸な女性」（大石慎三郎『江戸時代』）というとらえ方である。幕府によって、朝廷圧伏の道具として送りこまれた彼女に、その後の幸せなどあろうはずはないという解釈である。そこには、後水尾天皇の退位そのものが、天皇にとって不本意なものであり、そのきっかけを作った和子に対しても怒りをもっていたため、夫婦の間は不仲だったという理解が背景としてはある。彼女を朝幕関係の犠牲者だったとする見方は、多くの研究者に共通のものとみてよいであろう。

そうした考え方に対し、水江漣子氏はかなりちがった見方をしている。『近世史のなかの女たち』において、「女が女として生きることを、時代の求めに応じて、和子ほどみずからの役割と一致させたしあわせな女は、近世ではめずらしいのではなかろうか」としめくくっている。

水江氏は、彼女の役割を「宮廷文化の復興のために、菊と葵《あおい》をあわせて植えた文化的役割」と表現しているが、考え方によって、ずいぶんちがったものとなっていることがわかる。事実は一つだったはずなのに、評価はまっぷたつに分れてしまっている。

結局、この問題は、彼女の衣装狂いをどうみるかによって判断していくしかないのではないかと考えている。

衣装狂いといっても、実態がはっきりしていないことには論じようがないので、しばらく和子の衣装狂いの実態についてみておくことにしよう。

京都の中立売小川《なかたちうりおがわ》というところに呉服商の雁金屋《かりがねや》というのがあった。単なる商人というより、御用呉服師といった方が正確かもしれない。

伝えられるところによれば、雁金屋の先祖が近江の戦国大名だった浅井氏の家来筋だったということで、浅井長政の娘の淀殿《よどどの》や小督《こごう》などは雁金屋を贔屓《ひいき》にしていたという。和子は、この小督の子どもなので、入内後、その縁で雁金屋とのとりひきも盛んになったことが考えられる。

和子からの注文は毎年のようにかなりの量になり、払った金額も莫大なものであったが、特に、彼女がなくなる延宝六年（一六七八）を例にとれば、文字通り衣装狂いと表現するしかないすさまじさであったことがわかる。彼女はその年六月二十日になくなるが、正月から六月までの半年間だけで、彼女は振袖《ふりそで》・帷子《かたびら》など合計で三百四十余点もの衣装を雁金屋に注文していた。代金は銀になおして百五十貫文ということなので、銀六十匁一両の換算をすると、およそ二千五百両もの莫大な金額となる。

現在の金地金《きんじがね》の相場をもとに計算すると、一両はおよそ五万円から七万円ぐらいになるので、仮に五万円で計算しても、一億五千万円になる。一人の女性が、半年間に、着物にこれだけの金額を支出しているわけで、どう考えても異常である。だからこそ衣装狂いといわれるのである。

もし、これだけならば、単なる衣装狂いということで片づけられてしまったであろう。実は、この雁金屋が、元禄《げんろく》文化を代表する尾形光琳《おがたこうりん》・乾山《けんざん》兄弟と密接な関係があったのである。和子が入内し、雁金屋ととりひきをはじめたころの雁金屋当主は三代目宗柏《そうはく》といって、光琳・乾山兄弟の祖父にあたる人物だったのである。

そのようなことから、「もし彼女の〝衣装狂い〟がなかったら、あるいは今日の女性の和服も、また尾形光琳・乾山もなかったかもしれない」（大石慎三郎『江戸時代』）とまでいわれるわけである。

和子が衣装狂いでストレスを解消していたことはまちがいないところではなかろうか。そして、このように気分をまぎらわそうとしていたと考えられる以上、彼女が幸せだったとみることはできないように思える。

薬絶ちをしたまま死んだ春日局

お福が参内し、春日局の称号をもらったということから、その当時の朝幕関係をくわしく追い、そのため、後水尾天皇・中宮和子のことにかなりページ数をとってしまった。参内後の春日局に話をもどすことにしよう。

寛永十四年（一六三七）十一月末に蜂起し、翌十五年二月末に鎮圧された島原の乱のとき、誰を大将として鎮圧させるかということが話題になったことがあった。「松平信綱がいい」とか「酒井忠勝がいい」とかいろいろな意見が出たが、その中に、「春日局を大将にしたらいい」という声もあったという。多分に、政治に口出しをしていた春日局に対する皮肉たっぷりの声という感じがするが、それでも、そのころの春日局の勢威がいかに大きなものであったかを物語っている。

寛永十八年（一六四一）九月二日、春日局は、家光の側室お楽の方が産んだ竹千代（のちの家綱）を抱いて、諸侯の拝謁をうけさせているが、これが彼女の晴れがましい最後の姿であった。

寛永二十年（一六四三）八月、春日局が病気にかかった。薬を飲めばなおった病気だったかもしれないが、彼女は薬を飲もうとはしなかったのである。すでに述べたように、家光が寛永六年（一六二九）二月下旬に疱瘡にかかったとき、薬絶ちを誓って神仏に祈ったといういきさつがあったからである。春日局は、そのときの誓いを忠実に守ろうとした。『春日局由緒』に、

> 同《（寛永）》二十癸亥年九月、春日の局病痾頻に身を苦しめける。今を限りに及といへ共、医巫を用ひず。死を端座して待よしを上聞に達し、家光公、家綱公一しほ惜ませ給ひて、度々渡御、自ら湯薬を持せ給ひ、此薬は吾とらするぞ、いなむ事あるまじ、給べよとて、つがせられまし〳〵ける。此時二位の局泪を流し、君御機嫌能夫下穏かに、御城御繁栄まし〳〵、いやしくも妾を二位に成下され、御威光を戴き、今生に在て、思ひ残す事侍らず。殊に稲葉丹後守迄、品高々召仕はる上は、女にても、我が命、君に奉り置たれば、只今生延たると存じ、惜むに足らぬ身故、療治仕らねども、御手自ら下さるゝ良薬は、いかでか拝領申さゞるべきと申上て、飲むまねして、舌を以て咽をふさぎ、頤より懐に流し入て、一滴も腹中へは収めざりける。神に偽をとらず、君に礼義を乱さず。

とあるように、たびたび家光が病床を見舞ったようで、家光自らが薬を勧めている場面を記している。

果たしてこの通りのことがあったかどうかはわからないが、それに近いことはあったとみてよいであろう。

侍医として岡本玄冶《げんや》らが家光の命をうけて看護にあたっていたが、薬をいっさい飲まないので回復するはずはなく、しだいに弱っていき、とうとう九月十四日、歿してしまった。享年六十五であった。

春日局の死んだことを聞いた家光は、その日一日、食事に箸《はし》をつけなかったという。実の母の死以上に、家光にとっては大きな意味をもった死だったのである。

それから、家光は七日間の喪に服している。毎月十七日、家康の命日に一度も欠かさず続けてきた江戸城内紅葉山の東照宮参詣も、このときの九月十七日ばかりは中止している。いかに家光が春日局の死を悼《いた》んだかが、この一事からもうかがわれる。麟祥院《りんしょういん》殿仁淵了義と謚《おくりな》され、麟祥院に葬られた。

春日局の墓（麟祥院　東京都）

もともと、この寺は報恩山天沢寺といって、春日局が建てた寺であった。彼女は、寛永十一年（一六三四）正月に、長男の稲葉正勝が自分に先立って死んだのを悲しみ、出家していたのである。山号の「報恩山」というのは、家光の恩に報いるといった意味がこめられていたという。

春日局が葬られてから、その法号をとって麟祥院と名が改められ、山号が、それまでの寺の名前であった天沢山となっている。これが、現在、東京大学横にある天沢山麟祥院である。春日局の墓は、この麟祥院にある。

あとがき

いろんな研究会などで、会う人ごとに、「今、春日局を書いているんだけど……」と話を向ける。暗に、「何か史料があったら教えてほしい」と要求しているわけであるが、答えは決まって、「春日局なんて、材料になる史料があるの?」という調子である。

たしかに、彼女についての史料は少ない。

『大日本史料』第十二編之二、慶長九年（一六〇四）七月十七日の項に、「幕府、故美濃清水城主稲葉重通ノ養女斎藤氏春日局ヲ召シテ、竹千代ノ乳母トナス」という綱文を掲げ、『春日局譜略』『春日局別記』などいくつかの史料を紹介しているだけである。しかもほとんどは〔参考〕として紹介しており、これだけでは実像を追うことはむずかしい。

また、その逆に、小説などではよく取りあげられており、彼女が、京都の粟田口《あわたぐち》の高札場《こうさつば》に掲げられていた乳母公募の高札によって志願したとか、また、彼女の懇願によって家康《いえやす》が動き、竹千代の手を引いて上段に座り、国松にはお菓子を投げ与えたといった話は、結構知られている。

本文の中でも明らかにしたように、これらは事実ではない。実像がわからない分だけ、創作された話がいつの間にか市民権を得てしまっているようにも思われるのである。本書で、私は、断片的な史料を結びあわせ、組み合わせながら、春日局の実像の部分を浮き上がらせたつもりである。

また、私は、彼女の前半生を追う中で、戦国合戦が、女たちに与えた影響の大きさというものにも目を向けてきたつもりである。それは、家光の母小督《こごう》の歩んだ道を追って、春日局と対比させようとしたことにもあらわれている。そのあたりの私のねらいも読みとっていただければ幸いである。

なお、史料閲覧などで、お世話になった国立公文書館内閣文庫・京都大学附属図書館・東北大学附属図書館その他の史料所蔵者各位にお礼申し上げる。

また、本書も、講談社出版研究所の田中由紀さんに、編集上、手をわずらわしてしまった。あつくお礼申し上げたい。

一九八八年八月

小和田哲男

春日局ゆかりの地ミニガイド

黒井城《くろい》

・兵庫県丹波市春日町黒井
・JR福知山線黒井駅下車徒歩

お福の父斎藤利三の居城で、彼女はここで生まれたといわれている。標高三五六メートル、麓からの高さが二二〇メートルある典型的な山城で、山頂部分に本丸・二の丸・三の丸、それに東曲輪《くるわ》・西曲輪がある。現在、城址に残る石垣は、斎藤利三のあと城主として入った堀尾吉晴のときのものか。麓にある興禅寺のところが、かつて居館のあったところと推定されている。別名を保月城ともいう。

亀山城《かめやま》

・京都府亀岡市荒塚町
・JR山陰本線亀岡駅下車徒歩

伊勢の亀山城と混同されやすいが、丹波《たんば》亀山城の名で親しまれている。明智光秀の居城で、山崎の戦いのあと、秀吉軍によって攻撃され落城している。お福たちも、このとき城を脱出し、京都に潜伏しているが、城の近くに重臣たちの屋敷があったものと推定される。

岡豊《おこう》城

・高知県南国市岡豊
・JR土讃線高知駅、土佐大津駅下車バス

天正十六年（一五八八）に長宗我部元親《ちようそかべもとちか》が大高坂《おおたかさ》に城を移すまでの居城で、京都を逃れたお福たちがしばらく落ちついたのがこの岡豊城であった。城址は標高九七メートルの岡豊山に築かれており、山頂部に本丸があった。

名島城

・福岡県福岡市東区名島
・西鉄貝塚線名島駅下車徒歩

小早川隆景《こばやかわたかかげ》の築城で、養子秀秋がそのあとに入っている。小早川秀秋の家老だった稲葉正成も城下に屋敷をもっており、お福もこれに従ったものと考えられている。『筑前国続風土記附録』に、小早川氏在城時代の名島城絵図が収められている。

慶長五年（一六〇〇）名島城に入った黒田長政は、新しく福岡城を築き、城は廃城となった。なお、現在、福岡城址にある名島門はこの名島城から移築したものという。

駿府城

・静岡県静岡市葵区
・JR東海道本線静岡駅下車徒歩

今川氏の駿府今川館の址に家康が新たに城を築き、大御所時代をここで過ごしている。お福が竹千代を世子にしてもらおうと、家康の後援を求めてきたときの城である。

かつては本丸の堀、二の丸の堀、三の丸の堀と三重の堀からなっていた。現在は、本丸の堀が全部埋められ、三の丸の堀も一部埋められてしまった。本丸址に家康の銅像が立てられている。

江戸城

・東京都千代田区千代田
・JR東海道本線東京駅下車徒歩

江戸城は、大きく、本丸・二の丸・三の丸・西の丸・北の丸・吹上御苑からなっている。本丸にお福の活躍した大奥の殿舎が建てられていた。

本丸に天守閣が建てられていたが、明暦三年（一六五七）の明暦大火で焼失し、現在は天守台しかない。なお、現存する建造物としては、本丸の富士見櫓、宝蔵、北拮橋門・中の門内番所、三の丸の桜田二重櫓、大手門、平河門、内桜田門、西の丸の伏見櫓などがある。

浅草寺《せんそうじ》

・東京都台東区浅草
・東京メトロ銀座線、都営地下鉄浅草線浅草駅下車徒歩

浅草《あさくさ》観音の名で知られ、古くから庶民の信仰を得ていた。江戸幕府が開かれるとともに、幕府の祈願所となり、寺領五百石を与えられており、江戸屈指の大寺として繁栄していた。

浅草が盛り場として知られるようになるのは元禄年間（一六八八〜一七〇四）からであるが、お福が参詣していたころも門前町はにぎわっていたようである。

伊勢神宮《いせじんぐう》

・三重県伊勢市宇治館町・豊川町
・JR参宮線・近鉄山田線伊勢市駅下車バス

伊勢神宮は皇大神宮《こうたいじんぐう》（内宮《ないくう》）と豊受大神宮《とようけだいじんぐう》（外宮《げくう》）の二つからなっている。内宮

は伊勢市宇治館町、五十鈴川に沿って鎮座しており、外宮は豊川町で、市街地のはずれに鎮座している。

庶民がお参りをするようになったのは中世からで、御師が村々をまわり師檀関係を結ぶようになってから、参宮も盛んになった。

お福の時代にはまだみられないが、慶安三年（一六五〇）から幕末まで、およそ五、六十年ごとに「おかげ参り」とか「ぬけ参り」と称する爆発的な参宮がおこっている。

京都御所《きょうとごしょ》

・京都府京都市上京区
・JR東海道本線京都駅下車バス

京都御所は南北が約四五〇メートル、東西が約二五〇メートルの空間である。白い築地塀が周囲をとりまき、南に建礼門がある。

これがかつての内裏であるが、現在のは安政二年（一八五五）に、寛政元年（一七八九）造営のものをそのまま再建したものである。中の建物としては紫宸殿《ししんでん》、清涼殿《せいりょうでん》、小御所《こごしょ》などがある。

日光東照宮《にっこうとうしょうぐう》

・栃木県日光市
・東武日光線東武日光駅下車バス

元和二年（一六一六）四月十七日に駿府城で歿した家康は、近くの久能山に葬られ、翌年四月、日光に改葬されたが、それに先だち東照大権現の神号が宣下され、東照社とよばれた。これが、日光東照宮のもとである。

寛永十一年（一六三四）、家光が造営をはじめ、現在の形ができあがった。当時の最高の技術を駆使しており、陽明門をはじめ国宝に指定されている建造物も多い。

麟祥院《りんしょういん》

・東京都文京区湯島四丁目
・東京メトロ千代田線湯島駅、丸ノ内線本郷三丁目駅下車徒歩

春日局の菩提寺で、ここに墓がある。墓は卵塔《らんとう》で、穴が四方にあけられている変わった形をしている。臨済宗妙心寺派の寺で、「からたち寺」の異名をもっている。

春日局略年譜

※は一般事項

年号	西暦	年齢	春日局関連事項および一般事項
天正七	一五七九	一	斎藤利三の三女として生まれる。名はお福。 ※四月七日、竹千代（家光）の父秀忠、家康の三男として生まれる。
一〇	一五八二	四	※六月二日、本能寺の変。 ※六月十二日〜十三日、山崎の戦い。明智光秀敗れる。 六月十四日、丹波亀山城落城。 お福ら城を落ち、京都の公家三条西公条を頼り、のち、四国土佐に渡り、長宗我部元親の保護をうける。 六月十八日、斎藤利三、京都粟田口で磔にかけられる。
一一	一五八三	五	※四月、賤ヶ岳の戦い。
一二	一五八四	六	※四月、小牧・長久手の戦い。 ※竹千代の母小督、佐治一成に嫁ぐ。数ヵ月後、秀吉の命によって別れさせられる。
一三	一五八五	七	※三月、将来夫となる稲葉正成、和泉千石堀城の戦いで戦功をあげる。
一五	一五八七	九	※六月二十五日、小早川隆景、筑前名島城に転封。
一六	一五八八	一〇	お福と母・姉の三人、土佐から京都にもどる。
一八	一五九〇	一二	※一月十三日、秀忠、織田信雄の娘お小姫と婚約。その数ヵ月後、信雄の改易で破談と

			なる。
一九	一五九一	一三	三条西家の奥方の侍女となる。
文禄 元	一五九二	一四	※二月、竹千代の母小督、羽柴秀勝と再婚。
三	一五九四	一六	※十一月十三日、のちに夫となる稲葉正成、小早川秀秋の家老となる。 三条西家の奉公をやめる。このころ稲葉重通の養女となる。
四	一五九五	一七	稲葉正成の後妻となる。 ※九月十七日、秀忠と小督、伏見城で結婚する。
慶長 二	一五九七	一九	長男千熊（のちの正勝）生まれる。 ※六月二十二日、小早川秀秋、秀吉の譴責をうけ、越前北ノ庄城に転封。 ※秀忠・小督夫妻に長女千姫生まれる。
三	一五九八	二〇	※八月十八日、秀吉歿す（六十二歳）。
四	一五九九	二一	※二月五日、小早川秀秋、筑前名島に復帰。石高は三十五万七千石。
五	一六〇〇	二二	二男七之丞（のちの正定）生まれる。 ※九月十五日、関ヶ原の戦い。 小早川秀秋の裏切りで東軍大勝。
六	一六〇一	二三	十二月、夫正成、小早川家を出奔し、美濃の谷口に閑居する。
七	一六〇二	二四	※十月十八日、小早川秀秋歿す（二十六歳）。
八	一六〇三	二五	※二月十二日、徳川家康、征夷大将軍となる。 ※七月二十八日、秀忠の娘千姫、豊臣秀頼に嫁ぐ。
九	一六〇四	二六	四男正利生まれる。 七月七日、秀忠の二男竹千代生まれる。お福が乳母となる。 七月十七日、竹千代の小姓としてお福の長男千熊が抜擢される。 ※十一月八日、竹千代、土産神の山王社に宮参り。

一〇	一六〇五	二七	※四月十六日、秀忠二代将軍となり、家康は大御所となる。
一一	一六〇六	二八	※竹千代の弟国松（のちの忠長）生まれる。三月七日説・五月七日説・六月一日説・十二月三日説がある。
一二	一六〇七	二九	お福の前夫稲葉正成、一万石を与えられる。 江戸城本丸に大奥の建物できる。
一六	一六一一	三三	※十月四日、秀忠の娘和子（のちの東福門院）生まれる。 十月、駿府城の家康に謁見し、竹千代を世子とするよう要請。 十月二十四日、家康、江戸城を訪れ、竹千代と国松の長幼の順をはっきりさせる。 ※政仁親王即位し、後水尾天皇となる。
一七	一六一二	三四	※二月二十五日、家康、小督に二十七ヵ条からなる訓誡状を出す。
一九	一六一四	三六	※十一月二十六日、大坂冬の陣はじまる。
元和元	一六一五	三七	※五月八日、豊臣秀頼、大坂城で自刃し、豊臣氏滅亡する。 ※七月、「武家諸法度」・「禁中並公家諸法度」を制定。
二	一六一六	三八	※四月十七日、家康、駿府城で歿す（七十五歳）。 ※五月二十九日、酒井忠利・青山忠俊・内藤清次が竹千代の傅役を命ぜられる。 ※薩摩の島津家久より秀忠に、「国松を島津の養子に」という要求あり。秀忠これを許さず。
三	一六一七	三九	※十一月二十一日、竹千代、江戸城西の丸に移る。
四	一六一八	四〇	正月一日、最初の「大奥法度」制定される。 お福の前夫稲葉正成、一万石を加増されて二万石の大名となる。 ※正月十一日、秀忠、国松を甲斐と信濃の一部二十五万石の大名とする（元和二年九月十三日説もあり）。 ※十月、秀忠、竹千代のいる西の丸に向けて鉄砲を撃った国松をしかる。

五	一六一九	四一	※秀忠、竹千代に歯朶具足を与える。 ※竹千代、小姓の坂部五左衛門を斬る。
六	一六二〇	四二	お福、前夫稲葉正成と先妻との間に生まれた娘の子堀田正盛を召し出し、竹千代につける。 ※正月、竹千代、正三位・権大納言の叙任をうける。 ※六月十八日、秀忠の娘和子、女御の宣下をうけて入内。 ※九月七日、竹千代元服して家光と名乗る。同じ日、弟の国松も元服して忠長と名乗る。
七	一六二一	四三	お福の長男稲葉正勝、書院番頭となり千五百石を与えられる。
九	一六二三	四五	正月二十五日、「大奥法度」改訂される。 大奥女中の総取締りとなる。 ※七月二十七日、秀忠、将軍職を家光に譲る。 ※十二月二十日、家光の正室鷹司信房の娘孝子、江戸城西の丸に入る。 ※後水尾天皇と和子との間に皇女興子内親王（のちの明正天皇）が生まれる。
寛永元	一六二四	四六	お福の長男稲葉正勝、一万石を与えられ、翌年二万石となる。 ※八月十一日、忠長、駿河・遠江五十万石を領し、駿府城に入る。 ※十二月十日、家光正室鷹司孝子、江戸城本丸に入り祝言。
二	一六二五	四七	※八月九日、鷹司孝子、御台所となる。
三	一六二六	四八	※七月、忠長、大井川に浮橋を架け、家光一行を通す。 ※九月六日～九日、秀忠・家光上洛し、後水尾天皇を二条城に迎える。 ※九月十五日、小督、江戸城で歿す（五十四歳）。 ※九月十九日、忠長、従二位・権大納言に昇進。駿河大納言と呼ばれるようになる。
六	一六二九	五一	二月末、家光疱瘡にかかり、お福看病する。 ※六月二十六日、幕府、沢庵・玉室・単伝・東源を陸奥・出羽に流す（紫衣事件）。

七	一六三〇	五二	八月二十一日、伊勢神宮に参詣。 九月十二日、上洛し、中宮和子に挨拶する。 十月十日、後水尾天皇に謁見し、天盃をうけ、春日局の称号を与えられる。 ※十一月八日、後水尾天皇、興子内親王に譲位。明正天皇となる。 ※九月十二日、明正天皇の即位式行われる。
八	一六三一	五三	※五月、忠長、甲府へ蟄居を命ぜられる。
九	一六三二	五四	※正月二十四日、秀忠、江戸城で歿す（五十四歳）。 ※十月二十日、忠長、上野高崎城に幽閉される。二十三日、忠長の所領駿河・遠江五十万石没収。
一〇	一六三三	五五	※十二月六日、忠長、高崎城で自刃（二十八歳）。大信寺に葬られる。
一一	一六三四	五六	正月、長男稲葉正勝歿す。このとき、春日局出家。
一二	一六三五	五七	※十一月二十九日、駿府城天守閣焼失する。 ※「武家諸法度」改訂される。
一四	一六三七	五九	※十一月末、島原の乱蜂起。幕閣の中に、「春日局を総大将に」との声あり。 ※家光の側室お振の方、家光の長女千代姫を生む。
一六	一六三九	六一	※三月、伊勢慶光院の尼、家光に謁見。家光、とどめ還俗させてこれを側室とする（お万の方）。
一七	一六四〇	六二	八月、日光東照宮に参詣し、『東照大権現祝詞』を奉納する。
一八	一六四一	六三	※八月三日、家光の側室お楽の方、長男竹千代（のちの家綱）を生む。 九月二日、竹千代を抱えて諸大名の挨拶をうける。
二〇	一六四三	六五	※四月十五日、家光の傅役だった青山忠俊、配所で歿す（六十六歳）。

九月十四日、薬絶ちをしたまま歿す（六十五歳）。麟祥院殿仁淵了義と諡され、麟祥院に葬られる。

補　論

『春日局―知られざる実像―』の出版は一九八八年のことである。その後、新しい研究が進み、見直すべきところが何ヵ所かあるので、ここに補論という形でまとめておきたい。

まず、お福の父斎藤利三と土佐の長宗我部元親との関係である。旧著では、「土佐の戦国大名長宗我部元親の正室が、何と斎藤利三の妹だったのである」と、斎藤利三の実の妹であるかのような書き方をしてしまったが、実の妹ではなかったので、この部分は訂正したい。

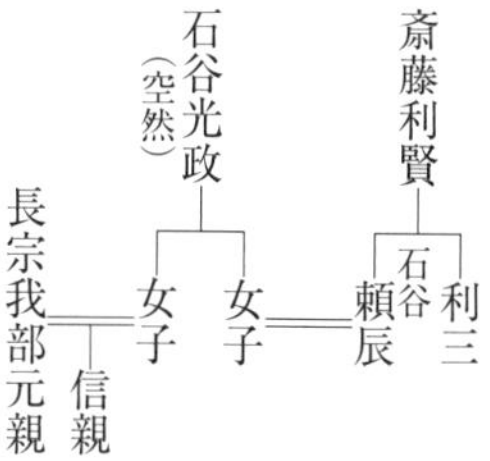

斎藤利三の兄頼辰《よりとき》が室町幕府の奉公衆石谷《いしがい》光政（出家して空然）の娘と結婚し、光政の婿養子となった。その光政の娘のもう一人が長宗我部元親の正室となっていたのである。わかりやすく略系図にすると上のようになる。

いずれにしても、こうした縁があったため、お福は母親のおあんとともに長宗我部元親を頼って土佐の岡豊城に行ったわけである。なお、二〇一四年、岡山市の林原美術館から「石谷家文書」四十七点が発見され、その中の天正十年（一五八二）正月十一日付の石谷空然宛斎藤利三書状では、利三は「御朱印之趣も元親ため可然候」といっており、利三が「元親のためには信長の朱印状に従った方がよい」とアドバイスしていたことが新たに明らかになった。この新発見の「石谷家文書」が本能寺の変研究に一石を投ずる形となったことは周知の通りである。

次に、竹千代（家光）・国松（忠長）の母の名を小督としたが、その後の研究でお江とするのが一般的となったので、小督はお江と読み換えていただければ幸いである。私が時代考証を担当した二〇一一年のＮＨＫ大河ドラマ『江〜姫たちの戦国〜』のタイトルも江であった。

なお、竹千代、すなわちのちの徳川家光の研究は、家光が三代将軍になったこともあって研究の蓄積は豊富だったが、弟の国松、すなわち徳川忠長についての研究はほとんどなく、私が旧著執筆時点で参考にしたのは若林淳之氏の「徳川忠長」（『大名列伝』三、悲劇篇、人物往来社、一九六七年）くらいであった。その後、二〇二一年に、小池進氏が『徳川忠長—兄家光の苦悩、将軍家の悲劇—』（吉川弘文館）を著わし、徳川忠長の新しい研究の到達点が示されている。

私は、旧著で、忠長が駿府近郊で猿狩りを行ったことについて、家光はそれを忠長追い落としの一つとしたが、むしろ、猿が農作物を荒らすのをみて、農作物に被害を与える猿を捕獲することを善政とみて、「つくられた乱行」と考えた。小池氏はこの一件について、「当時の大名の書状や日記などの一次史料に、この猿狩りを書き留めたものが皆無であることからも、この逸話は後世の創作の可能性が高い」と指摘しており、再検討の余地はありそうである。

私の旧著刊行から二十九年経った二〇一七年、福田千鶴氏の『春日局—今日は火宅を遁れぬるかな—』（ミネルヴァ書房）がミネルヴァ日本評伝選の一冊として刊行された。福田氏は「はしがき」のところで、私の旧著なども取りあげながら、次のように述べる。

しかし、これらは春日局の死後に編纂された二次的な史料に基づいて描かれたものと指摘せざるをえない。女性の史料は少ないと思われていることに一因があるのだろうが、春日局に関しては自筆の書状や辞世の歌など、彼女の本質に迫ることのできる史料が多く残されている。また、同時代に記された多くの良質の史料からも、彼女の行動を実証的に跡づけることができる。ステレオタイプ化してくり返し語られて来た春日局像を打ち破るのは簡単なことではないが、本書では良質な史料から生身の春日局像を再構築することを第一の課題としたい。

たしかに、福田氏の指摘の通り、私の旧著では『春日局由緒』や『春日局略譜』など二次史料といわれる史料に依拠するところが多く、その点、福田氏の新著によって、一次史料による肉付けがなされたわけで、研究の進展がみられる。

ただ、福田氏の新著で、竹千代（家光）の生母をお福とする点については異論がある。もっとも、福田氏が、竹千代の生母をお江ではなくお福としたのはこのミネルヴァ日本評伝選の『春日局』が最初ではなく、すでに、二〇一〇年刊行の『江の生涯—徳川将軍家御台所の役割—』（中央公論新社）が

最初であった。さらに、それに続いて二〇一一年の『徳川秀忠―江が支えた二代目将軍―』（新人物往来社）で、福田氏は、

……前著『江の生涯』では、江が江戸に戻った時期を推定するなど、ややまわりくどい論証をしたために「証拠不十分」というような見解をもつ識者もいたようだが、理由はいたって単純な生理的なことであった。初を生んだ一年後の同じ月に、次の子を無事に生めるだろうか、という、母としての疑問が発端にあった。機械のように子を生めるわけではない。母体の安全もある。

と述べている。

そして、福田氏は、『春日局』で、江戸城の紅葉山文庫に伝来する『松のさかえ』の中の「東照宮御文の写し」に、

秀忠公御嫡男　竹千代君　御腹　春日局

とあるのを取りあげ、「福が家光の生母であると記す編纂物が、将軍家の御膝元の文庫に伝来していたことになる」とし、傍証史料として臼杵稲葉家に伝わる『御家系典』を紹介する。『御家系典』には、かいつまんでいうと、お福がお江の侍女となっていたとき、秀忠の胤を宿し、竹千代が生まれたが、斎藤利三の由緒を嫌い、お江の子どもとして披露したということが記されているのである。

なお、この点について、福田氏の『徳川秀忠』刊行後、二〇一三年刊行の野村玄氏が同じくミネルヴァ日本評伝選の『徳川家光―我等は固よりの将軍に候―』（ミネルヴァ書房）の中で、竹千代の前年

に生まれたとする初の生年を慶長七年とする史料もあることを紹介し、また、『当代記』に「十箇月に雖不満平産」とある記述もあることから、「初が慶長八年に江から生まれたからといって、家光が江の所産ではないとまで結論することには、さらなる論証が必要ということになろう」としている。

さらに、前出、小池進氏の『徳川忠長』でも、この問題を取りあげ、福田氏がお福を竹千代の生母とする史料が二次史料だけであることから、「江戸幕府初期の将軍家の内情や、将軍職継承の実態に見直しを迫る魅力的な課題に、果敢に挑んだ福田氏の姿勢は敬服にあたいする。しかし、竹千代の実母がお江与の方ではなく、かつ春日局であるとする決定的な証拠がない現状では、残念ながら今のところは通説に従うしかない、とするのが本書の立場である」とする。基本的に私も、この野村玄氏、小池進氏の説に賛成であるが、別な角度からこの問題に迫ってみたい。

別な角度というのは、後継者、すなわち家督継承者の指名にあたって、当時は、正室から生まれた子か、側室から生まれた子かが大きな問題となっていたことをさす。国松が正室お江の産んだ子でまちがいない以上、竹千代がもし側室から生まれた子であれば、年齢順ではなく、正室腹の子が家督を継ぐのが一般的なルールとなっていた。

たとえば、織田信長は信秀の三男だったが、長男・次男が側室から生まれた子だったため、三男ながら正室土田御前の産んだ信長が家督を継いでおり、また、伊達家でも同様なケースがあった。政宗の長男秀宗は側室腹だったのに、次男忠宗が正室愛姫の産んだ子で、家督は弟の忠宗が継いでいる。

周知の通り、徳川将軍家三代目指名は、徳川家康がからんでおり、家康の一声で竹千代すなわち家光に決まったといういきさつがあった。仮に、竹千代が正室お江の産んだ子でなく、お福なり側室が産んだ子であったなら、家康は躊躇なく弟国松の方を家督としたのではなかろうか。竹千代も正室お江の産んだ子だったので問題となったものと思われる。

その他、今日の研究到達段階からみて修正すべき点がいくつかあるので、以下に列挙しておきたい。

慶長五年（一六〇〇）九月十五日の関ヶ原の戦いについて記述したところで、お福の夫稲葉正成が家老を務めていた小早川秀秋が、なかなか寝返りを決断しない場面を描いた。そこでは、家康方から決断を迫るため、小早川秀秋の陣に向けて鉄砲が撃ち込まれたという描写をした。いわゆる「問鉄砲」である。しかし、現在、このときの「問鉄砲」はなかったとする研究が主流となってきており、論争となっているところなので、この「問鉄砲」についての記述の部分は削除したい。

その他、天守閣という表記をしたが、これも、天守閣というように〝閣〟の字がつくようになったのは近代になってからということが明らかなので、天守に訂正する。また、小田原征伐という表記をしたが、最近は、小田原攻めといういい方になっているので、これも訂正したい。

本書の原本は、一九八八年に講談社より刊行されました。

著者略歴
一九四四年　静岡県に生まれる
一九七二年　早稲田大学大学院文学研究科博士課程修了、文学博士
現在、静岡大学名誉教授、岐阜関ケ原古戦場記念館館長

〔主要著書〕
『後北条氏研究』（吉川弘文館、一九八三年）、『近江浅井氏の研究』（清文堂出版、二〇〇五年）、『明智光秀・秀満』（ミネルヴァ書房、二〇一九年）、『戦国武将の叡智』（中央公論新社、二〇二〇年）

読みなおす日本史

春日局
知られざる実像

二〇二二年（令和四）十一月二十日　第一刷発行

著　者　小《お》和《わ》田《だ》哲《てつ》男《お》
発行者　吉川道郎
発行所　株式会社　吉川弘文館
郵便番号一一三―〇〇三三
東京都文京区本郷七丁目二番八号
電話〇三―三八一三―九一五一〈代表〉
振替口座〇〇一〇〇―五―二四四
http://www.yoshikawa-k.co.jp/
組版＝株式会社キャップス
印刷＝藤原印刷株式会社
製本＝ナショナル製本協同組合
装幀＝渡邉雄哉

ISBN978-4-642-07518-3

読みなおす
日本史

刊行のことば

現代社会では、膨大な数の新刊図書が日々書店に並んでいます。昨今の電子書籍を含めますと、一人の読者が書名すら目にすることができないほどとなっています。ましてや、数年以前に刊行された本は書店の店頭に並ぶことも少なく、良書でありながらめぐり会うことのできない例は、日常的なことになっています。

人文書、とりわけ小社が専門とする歴史書におきましても、広く学界共通の財産として参照されるべきものとなっているにもかかわらず、その多くが現在では市場に出回らず入手、講読に時間と手間がかかるようになってしまっています。歴史の面白さを伝える図書を、読者の手元に届けることができないことは、歴史書出版の一翼を担う小社としても遺憾とするところです。

そこで、良書の発掘を通して、読者と図書をめぐる豊かな関係に寄与すべく、シリーズ「読みなおす日本史」を刊行いたします。本シリーズは、既刊の日本史関係書のなかから、研究の進展に今も寄与し続けているとともに、現在も広く読者に訴える力を有している良書を精選し順次定期的に刊行するものです。これらの知の文化遺産が、ゆるぎない視点からことの本質を説き続ける、確かな水先案内として迎えられることを切に願ってやみません。

二〇一二年四月

吉川弘文館

読みなおす日本史

地理から見た信長・秀吉・家康の戦略　足利健亮著　二二〇〇円
神々の系譜 日本神話の謎　松前　健著　二四〇〇円
古代日本と北の海みち　新野直吉著　二二〇〇円
白鳥になった皇子 古事記　直木孝次郎著　二二〇〇円
島国の原像　水野正好著　二四〇〇円
入道殿下の物語 大鏡　益田　宗著　二二〇〇円
中世京都と祇園祭 疫病と都市の生活　脇田晴子著　二二〇〇円
吉野の霧 太平記　桜井好朗著　二二〇〇円
日本海海戦の真実　野村　實著　二二〇〇円
古代の恋愛生活 万葉集の恋歌を読む　古橋信孝著　二四〇〇円
木曽義仲　下出積與著　二二〇〇円

足利義政と東山文化　河合正治著　二二〇〇円
僧兵盛衰記　渡辺守順著　二二〇〇円
朝倉氏と戦国村一乗谷　松原信之著　二二〇〇円
本居宣長 近世国学の成立　芳賀　登著　二二〇〇円
江戸の蔵書家たち　岡村敬二著　二四〇〇円
古地図からみた古代日本 土地制度と景観　金田章裕著　二二〇〇円
「うつわ」を食らう 日本人と食事の文化　神崎宣武著　二二〇〇円
角倉素庵　林屋辰三郎著　二二〇〇円
江戸の親子 父親が子どもを育てた時代　太田素子著　二二〇〇円
埋もれた江戸 東大の地下の大名屋敷　藤本　強著　二五〇〇円
真田松代藩の財政改革 『日暮硯』と恩田杢　笠谷和比古著　二二〇〇円

吉川弘文館
（価格は税別）